禪的智慧

與聖嚴法師心靈對話

聖嚴法師 著
單德興 譯

Zen Wisdom

Conversations on Buddhism

中文版序

我一向認為，「感應道交」是不變的真理，如果孔夫子沒有優秀的門人和他對話，像《論語》這樣的儒典是不可能出現的；如果釋迦世尊沒有傑出的諸大弟子向他請法，像大、小諸乘那樣的佛經，也是不容易出現的。此誠如人叩鐘，大叩則大鳴，小叩則小鳴，不叩則不鳴。

我很慚愧，比起儒、釋二家的聖人，不僅不堪喻為洪鐘大呂，甚至連一把小鈴也不是，可能只是一塊頑石吧！所幸我有諸佛菩薩給我啟示、以及一些資質優秀的師友和弟子給我催化，因此使我依據佛法的智慧，解答了一些初機學佛人的疑問。

在臺灣，我曾應《菩提樹》雜誌的要求，解答了七十個問題，輯集成書，名為《正信的佛教》。又為《人生》雜誌提供了一個每期一篇的專欄，後來集印成書，即是《學佛群疑》，這兩本書很受中文讀者們的歡迎。

我在西方社會中弘揚佛法，也發行了一份英文的季刊《禪》雜誌（*Chan Magazine*），它的編者和讀者群，同樣希望我能就他們於西方社會的學佛生活中所遇到的疑難，給一些指點。他們有一組人，預先設想了一個一個的問題，每週一個晚上，用兩個小時，坐在紐約禪中心（Chan Meditation Center）的地板上，圍繞著我，輪番發問。逐篇刊出後，編成一書，名為《禪的智慧》（*Zen Wisdom*）。

事先，大家已有共識，我早就聲明，我歡迎他們提出任何想問的問題，我雖不可能全部都有答案，但我一定知無不言，言無不盡，若不知者，便不作答。如果發現我解答得不夠清楚，允許他們反覆追問。

在西方文化中成長的人，畢竟比較直率，對於某一個感到困惑的問題，往往會從各自不同的層面來追求答案，他們不必顧慮適合不適合由我來解答，都會向我發問。有時相當深刻，有時極其敏感，也有時看來比較膚淺，卻又是大家都關心的問題，有時也會出現一些意想不到的、並具有挑戰性的問題。凡此種種，都能使我感到欣喜，甚至會發現我也有大叩則大鳴、小叩則小鳴的反應能力，縱然在平日從未想到過的答案，竟然會從我的口中流露出來。因此，我對那段日子的 Dharma View（法見）小組集會，直到現在，依舊記憶新鮮。目前，我在西方，另有一些資質相當俊美的弟子，也正醞釀一個類似於法見的小組，集中某些焦點，準備跟我討論，如果因緣成熟，也許還會出版一冊叫作禪什麼的英文書哩。

我們非常有福氣，中央研究院的研究員單德興教授，花了很多心血，把我先後兩種版本的英文著作《禪的智慧》重新考訂修正，集譯成了這一冊中文版，共計三十八篇。為了避免引生不必要的誤會，在出版前，我又將部分內容略做刪修，因此它的面貌，與英文原著已稍有不同。借本書與中文讀者們見面的機會，謹向譯者及相關的諸君致謝。

聖嚴

二〇〇三年四月二十四日序於美東象岡道場

譯者誌

《禪的智慧》英文本初版於一九九三年十二月問世，至一九九九年四月共印行四次，在英文世界擁有一定的讀者群。聖嚴法師中、英文著作等身，本書為與西方人士的對話錄，尤具特色。其實，師父以往不乏問答形式的作品，但大抵止於一問一答，且多以書面為之。針對時人關心的佛法與相關議題深入對話，輯錄成書，《禪的智慧》堪稱第一本。由於對話地點是在西方，面對的又是文化、社會、生長背景、知識環境、思維方式殊異的佛教徒、非佛教徒或異教徒，如何善巧地解惑、弘法，實為巨大挑戰。

國人講求尊師重道、反躬自省，面對一代高僧，罕於打破沙鍋，追究到底。西方人沒有這些文化上、心理上的包袱，不迷信權威，一切唯理是從，唯法是問，透過反覆叩疑、詰難，逐步解開心中疑團；法鼓老人名副其實，大擊則大鳴。這些回答是多年聞思修佛法、參透世理人情的智慧與慈悲的結晶，互動過程的真誠、活潑，以及獨有的幽默，也顯露出師父的特色。總之，本書結合了正信的佛法，圓融的世理，練達的人情，以一貫愷切、明晰的方式，回應當代人的知性及心靈需求，處處表現出以佛法為依歸，以人本為訴求的人生佛教精髓。

由於原書頗受歡迎，為了精益求精，經果谷師悉心增補，以期充分表達師父的正見。增補稿於出版前又經專人仔細修訂，文字更加通暢，條理更為清晰。身為譯者，有責任向讀者說明此書的版本以及中譯本的經過與特色。

本書的內容最初為師父在紐約東初禪寺與修習禪坐者的法談，謄稿先刊登於《禪》雜誌，其後有三個版本。第一個版本是一九九三年由紐約的法鼓出版社印行的《禪的智慧：知與行——與聖嚴禪師的三十八篇對話錄》（*Zen Wisdom: Knowing and Doing, Thirty-Eight Conversations with Ch'an Master Sheng-yen*〔New York: Dharma Drum Publications, 1993〕）。第二個版本就是前面提及的增補版，序言署於一九九八年一月，一般讀者無緣目睹。第三個版本則是二〇〇一年由法鼓出版社與美國加州柏克萊的北大西洋出版社同時印行的《禪的智慧：佛教對話錄》（*Zen Wisdom: Conversations on Buddhism*〔New York: Dharma Drum Publications and Berkeley, CA: North Atlantic Books, 2001〕）。

由於英文先後有三個版本，因而中譯也有兩個版本。譯者於一九九八年八月至一九九九年八月前往英國伯明翰大學（University of Birmingham）進行一年研究訪問。先前閱讀此書初版，獲益良多，遂發心迻譯為中文，並獲師父首肯。後來得知此書已完成增補，比初版更為充實。一九九八年九月接到果谷師自紐約寄來的列印稿後，便利用研究之餘，在筆記型電腦上進行翻譯，字斟句酌，仔細咀嚼，悉心回味，深入師父的智慧法語，為異國生活平添不少安定的力量，回國之後不久便交出全稿，並於二〇〇〇年一月開始在《人生》雜誌逐月刊載。英文修訂版則於一年多之後才出版，因此連載的中譯根據的是列印稿。

「禪的智慧」專欄自二〇〇〇年一月至二〇〇三年四月連載於《人生》，前後四十期（一九七至二三六期），總共三年四個月。在《人生》刊出時，經編輯加刊頭語、標題，略事潤飾，並協助若干專有名詞的中譯。連載期間頗受讀者歡迎，頻頻詢問出版單行本的事宜。此番趁出書之際，先請呂潔樺小姐協助比對列印稿與修訂版，標示異文，譯者再對照修訂版，逐字逐句地修改前譯，以期忠於最新的版本，並方便有心人參照原文。對於列印稿有興趣的讀者，則可參考《人生》上的中譯。

初版除了序言和書末的專有名詞之外，內文分為修行（Practice）、哲學與教義（Philosophy and Doctrine）、社會議題（Social Issues）三部分，各為十六、十二、十篇，總共三十八篇。列印稿略去原書第一篇，總計三十七篇。修訂版將內文重新分類、排序，分為佛法（Buddhadharma）、修行與日常生活（Practice and Daily Life）兩部分，各為十五及十九篇，總共三十四篇。

相較於初版、列印稿，修訂版的英文更洗練，條理更清晰，版面更清爽，可以看出編輯的用心與專業。例如，〈知識障礙修行？〉中有關兩個喇嘛的故事，只是刪去幾個字，就顯得合理許多；〈禪病〉全盤調整順序，條理更為順暢。有些修訂不限於同一篇，如原先〈日常生活中的修行〉結尾有關業力的問答，修訂版改納入〈業〉；原先〈日常生活中的修行〉結尾的問答，改納入〈每日打坐之道〉，都更適得其所。若干篇名的更動，如〈你是佛教徒嗎？〉改為〈身為佛教徒是什麼意思？〉，

〈師生關係的重要〉改為〈老師的重要〉，〈禪與心理分析〉改為〈禪與心理治療〉，〈文化與歷史對禪的影響〉改為〈禪與民族文化〉，〈老年人的禪修〉改為〈禪修與老年人〉，〈開悟值得嗎？〉改為〈開悟持久嗎？〉，都更顯得貼切。此外，編輯固然添加了〈有情眾生〉一篇，但為了精簡篇幅，也刪去了五篇（〈禮佛〉、〈夢〉、〈佛教與墮胎〉、〈安樂死與自殺〉、〈佛教、道德與醫學科技〉），少數內文或因國情不同，或因英文讀者興趣不高，也有刪節。

中文本既然沒有篇幅上的嚴格限制，當然以充分呈現師父的原意為依歸，因此納入先後兩個版本的序言，添加〈有情眾生〉一篇，將修訂版刪去的四篇依列印稿譯出，做為附錄，並以「譯案」註明版本中較重大的異文（如，納入初版中具參考價值、卻被修訂版所刪除者），至於文句的修訂因過於繁瑣，則不特別註明。讀者比對先後版本，便知分曉。

總之，《禪的智慧》中文版已不只是翻譯，而是比對、校勘、綜合不同版本，探求師父原意、考量讀者需求的成果，既有修訂版內容的增添、條理的通暢、文字的精要，又保留了初版值得參考之處。至於聖嚴師父為中文本撰寫的序言，更是此書的特色。因此，中文本比英文的任何一個版本都更豐富。

由於《禪的智慧》先後有三個英文版本，本書出版前又另有中譯連載，特此說明，並邀請有緣人共享禪的智慧。

單德興

臺北南港

二〇〇三年二月二十二日

英文版第一版序

這本書費時八年而成。我從臺灣來到美國，開始指導西方人禪修之後不久，弟子們就決定出版一份通訊和雜誌（譯案：即《禪》雜誌）。那是在一九七九年。自那之後，禪中心逐漸發展，我們出版了許多書，其他的刊物也有成長。

一九八四年，當時的編輯建議我們在雜誌上開闢一個「法見」（Dharma View）的專欄，由弟子向我提出有關修行或哲學方面的問題，專欄的形式就類似：你所想了解、卻沒機會去問的有關禪的問題。我記得第一個問題就是：「佛教對於自我的觀念如何？」我可以用一句話就回答了，如果那樣的話，這個專欄當時就告終了。然而，我決定更仔細地回答。自那之後，弟子針對許多的議題提出了許多的問題。

在佛陀的時代，有些人不能或不願接受他的全部教誨。這不是說佛陀值得懷疑，而是說懷疑是人之常情。再者，有些事情如果沒有直接的體驗，實在很難、甚至不可能了解。

我和弟子之間也有類似的情況。到了某個時候，心中有疑的弟子要求我更仔細地解釋佛法。在這之前，弟子都把我所說的話當成金科玉律般的真理。其實，這種態度是有問題的。由於我通常是透過口譯和西方人溝通，有些意思在翻譯中會失去。比方說，如果口譯沒有正確地傳達發問者心裡的問題，就可能誤導，產生完全不同的回答。如果弟子不問我，到頭來可能得到的是錯誤的訊息。幸運的是，弟子在我的回答不清楚時會詢問我，請我澄清，舉出例證，讓事情不致顯得那麼神祕或抽象。其實，他們愈是要求我解釋清楚，就愈對所有的人有益。因此，我感激我的弟子們。

我沒有自誇已經開悟，我不是無所不知，也不是西方文化的專家。我是佛教的法師，承襲了禪宗兩個宗派（曹洞宗與臨濟宗）的傳承，因此人們認為我是禪師。由於我具有佛教的文學博士，發表過有關佛法的學術著作，所以也被認為是學者。我沒有宣稱我的答案是終極的真理，因為沒有任何回答能表達那種真理。然而，禪是普遍的，超越了時空的文化差異。因此，這些問題的答案已經存在於西方。我相信我的回答沒有違背基本的佛教原則。

佛法不變，但能適應不同的文化和時代。只不過未開悟的人執著於佛法表達的方式，那就像愚人把指月的手指誤認為月亮一樣。

到這裡為止，我談的都是佛教。我了解在美國有許多人相信禪和佛教多少有些分離。我這裡要強調：禪就是佛教，禪是修行佛法的一個方式。也許由於禪的直截了當，使人們認為它有異於佛教。我希望這個誤解能得到澄清。

「法見」這個專欄在《禪》雜誌逐篇刊出多年，並未依照特定順序。然而，為了組織與清晰的緣故，此番結集出書時，編輯決定把這些文章分為「修行」、「哲學與教義」、「社會議題」三大類。這些類別是問題所觸及的範圍。當然，其中有彼此跨越之處。每篇文章自成單元，但也有彼此相關之處。因此，這本書不必從頭讀到尾，也不必按照順序閱讀。

我知道本書沒有觸及所有的議題。我們曾經決定要不要出版這些材料。本來可以等得更久，但顯然我們處理不完那些層出不窮的問題。如果將來有人詢問更多的問題，也許會出版續集。同時，我希望這些文章能幫著回答讀者的一些問題。我相信他們會提出更多的問題。我也確信有些人會不同意我的回答。那也很好。我不願意把佛法強加在任何人身上。

致謝

這本書得以問世，是得到許多人的幫助。有些人希望隱姓埋名，所以我必須尊重他們的意願。首先，我要感謝這些年來的口譯，使這本書成為可能。第一個就是王明怡，我來到美國之後，他就是我主要的口譯，可以說他就是我的英語代言人。偶爾明怡無法在場時，其他人也協助幫忙，其中包括了Paul Kennedy、李佩光（Pei-gwang Dowiat）、Dan Stevenson、Trish Ing和果谷師。

其次就是那些謄稿的人，主要是Dorothy Weiner和Echo Bonner，他們辛勤地把錄音帶整理成文字。

一九八五年第一位編輯Ernest Heau離開之後，第二位編輯Chris Marano就負責編輯的重任。我的回答很少是一貫、流利的，其中有些縫隙需要填補，因此就補問了一些後續的問題。編輯的工作是使我的問題盡可能讓外界的讀者覺得容易了解，在這方面，Chris得到Alan Rubeinstein和

Harry Miller 等人的協助。

這個版本的設計和形式，是由 Trish Ing 和 Page Simon 所構思、製作的。書中多幀照片則由許多人捐贈。

最後，我要感謝問這些問題的弟子，尤其是那些對我不明確的回答覺得不滿意的弟子。

這個謝詞中如果遺漏任何人士，謹此致歉，那純屬無心之過，因為這麼多年來許多人來來去去，實在很難記錄曾經協助出版的每個人。

致讀者

如果我的一些回答和意見有冒犯任何人的地方，謹此表示歉意，但我並不為答案本身致歉。我所說的全是我相信是真實的，之所以致歉，只是因為造成別人的不快。

最後，我注意到英文本身的限制造成了某些人的不快。這問題來自英文中沒有充分表現男女兩性的中性代名詞，在（英文版的）回答中，編輯已經盡量去除這些情況。

有時佛教被人批評為歧視女性。在佛教祖師的長久傳承中，我無法為每一位發言。就像我在序言中所說的，文化與時代一直在改變。在美國，佛教會沾上一些美國的價值。我把這個邁向性別平等的運動，視為正面的措施，對佛教而言也是改進。

聖嚴

一九九三年一月

英文版第二版序

我從臺灣來到美國，開始指導西方人禪修之後不久，弟子們就決定要出版一份有關佛教觀念的季刊——《禪》雜誌。後來，其中固定出現的若干文字就成了「法見」這個專欄，由禪中心的成員向我提出有關佛教的各種問題，由我即席回答。第一個問題是：「佛教對於自我的觀念如何？」我可以用一句話就回答了，如果那樣的話，這個專欄當時就告終了。但我決定更仔細地回答。自那之後，弟子針對許多的議題提出了許多問題。我們把出現在「法見」的這些文章輯為《禪的智慧》一書，目的在於幫助其他有類似問題的人找到一些答案和指引。

就某個意義而言，《禪的智慧》符合佛教的傳統，因為許多佛法就是兩千多年來透過師徒之間的對話來闡明。在佛經中，弟子和菩薩為了眾生而向佛陀發問，佛陀予以回答。禪師對於弟子有關修行與了悟的深入問題，一向抱持開放的態度。好奇和懷疑的心態並不限於現代，甚至在佛陀的時代，許多人都無法立即、毫無疑問地接受佛陀全部的教誨。其實，懷疑是人之常情。再者，有些事情如果沒有直接的體驗，實在很難、甚至不可能了解。

有些弟子要求我更充分地解釋佛法。這很好，因為全盤接受我的說法，這種態度是有問題的。即使人們有相同的語言、訓練、文化，都還可能產生溝通不良的現象。那像我這樣來自臺灣的中國和尚，向大多是說英文的在家弟子講課，可以想見犯錯的空間大得多了！因此，如果弟子不問我，到頭來可能得到的是錯誤的訊息。幸運的是，弟子在我回答不明確時會要我澄清，舉出例證，讓事情不致顯得那麼神祕或抽象。為此，我感激我的弟子們，因為他們愈是要求我解釋清楚，就愈對所有的人有益。

一般說來，這些問題和接下來的討論都是自動自發的。上課時先打坐，打完坐，「法見」的編輯以特定的問題開啟對話。有時是當場提出問題，有時則事先告訴我題目（譯案：只有〈詩歌與王維〉一章是一週前就知道問題）。

這些文章在《禪》雜誌逐篇刊出多年，此次結集出書時分為兩部分：「佛法」及「修行與日常生活」。佛法的部分多少討論佛教的觀念與教義；至於修行的部分，則多集中於如何把教義運用在修行和日常生活上。這種分類方式絕非截然劃分，而是有許多彼此跨越之處。每篇文章自成單元，但也有彼此相關之處。所有文章不是依照當初刊出的年代順序排列，而是基於編輯上的考量。因此，這本書不必從頭讀到尾，也不必按照順序閱讀。

我們並沒有嘗試觸及有關佛教的所有議題，但我希望這些對話能幫著回答讀者的一些問題。我確信他們會提出更多的問題，而且有些人會不同意我的回答。那也很好。佛教要維持活力，就必須接受檢驗。我的觀念不是金科玉律。我只是一位佛教僧侶，謙虛地提供一己的見解，給那些有問題的人。如果這本書回答了你的一些問題，澄清了一些誤解，或激勵你禪修，那麼我的願望就達成了。

我既不是無所不知，也不是西方文化的專家。我是佛教的法師，承襲了禪宗兩個宗派（曹洞宗與臨濟宗）的傳承。「傳承」意謂我的師父肯定了我的修行體驗。我具有佛教的文學博士，以中、英文發表過有關佛教的文章。我沒有宣稱我的答案是終極的真理。然而，禪的原則是超越時空的。雖然我的回答來自於一輩子的研究和訓練，但我相信沒有違背佛法。

佛教的原則是普遍的，但隨著散播世界各地，許多佛教的外在方面已經有所改變。佛法隨著人和歷史而演化，這是良好、自然的現象。佛法並不是開悟的狀態。佛教的普遍真理無法傳授，或以知性的方式學得。法的目的就是指出更好的生活、開悟與解脫之道。但人們經常執著於法所表達的文字及方式，那就像把指月的手指誤認為月亮一樣。

有些人相信禪多少有別於佛教。其實，禪就是佛教，禪是修行佛法的許多法門之一。有時從我說話的方式，好像禪與佛教是不同的，如果這造成混淆，我在此道歉。佛教的途徑眾多，層次繁複。然而，禪的途徑以素樸、直捷著稱。由於禪沒有裝飾，也許看起來不像佛教，其實不然。我希望如果有誤解的話，以上的說法能夠澄清。

如果我的回答和意見有誤導或冒犯任何人的地方，謹此表示歉意，但並不為答案本身致歉。我所說的全是我相信是真實的。再者，英文本身的限制來自於沒有充分表現男女兩性的中性代名詞，在（英文版的）回答中，編輯已經盡量去除這些情況。

佛教也被人批評為性別歧視。在佛教祖師的長久傳承中，我無法為每一位發言，但文化與時代一直在改變。在美國，佛教會沾上一些美國的價值，而且受到它的影響。我把這個邁向性別平等的運動，視為早該到來的正面措施，對佛教而言也是改進。至於行文中的「師父」一詞，只是中文裡對「老師」的尊稱。

《禪的智慧》第二版與第一版不同之處，主要在於文章的順序，以及因為篇幅之限所做的一些修整。

謝詞

這本書得以問世，是得到許多人的幫助。有些人希望隱姓埋名，所以我必須尊重他們的意願。

首先，我要感謝王明怡和果谷師在這些對話進行時，所做的高明的口譯。其次，我要感謝那些辛勤地把錄音的討論轉換為電子形式的謄稿人，主要是 Dorothy Weiner 和 Echo Bonner。Ernest Heau 和 Chris Marano 先為《禪》雜誌、再為《禪的智慧》編輯這些謄稿，並得到 Alan Rubeinstein、Harry Miller 和 Linda Peer 在編輯上的協助。Trish Ing 負責內文的編排、設計，Chih-Ching Lee 負責封面設計，王翠嬿大力促成本書的出版。

如果遺漏了任何人，誠屬無心之過，謹此致

歉。謝謝問這些問題的弟子們，尤其是那些不滿意我回答的人。

聖嚴

二〇〇一年於紐約

目次

第二篇 日常生活中的修行

附錄

第一篇

佛法

身為佛教徒是什麼意思？

問 有人們問我：「身為佛教徒是什麼意思？」我經常不曉得如何回答？如果我說我是佛教徒或我相信佛教，那是什麼意思？

師 簡單的回答就是：佛教是釋迦牟尼佛教給弟子的，包括了哲學的觀念和修行的方法。因此，佛教徒是根據佛陀的教誨來修行的人，而佛陀教誨的要旨是四聖諦和八正道。真心誠意奉行這些原則的人，以及能夠完全遵循這條道路的人，就會使自己的人格完美，得到解脫。一般說來，修行主要包括了三方面的努力：持戒、修定、得慧。佛教徒努力要掌握這三方面。

佛教的外在形式表現在三方面：佛、法、僧。佛是釋迦牟尼佛，也就是歷史上的佛陀；法是佛陀的教誨、教訓、方法；僧伽是佛教團體，不只包括了出家人所組成的團體，也包括了在家修行的居士。雖然佛教把出家的比丘和比丘尼視為僧伽的核心，把在家的修行人視為外圍，但如果沒有在家的團體，出家的團體也就無法存在、發揮功能。沒有這些因素，佛教就不可能存在。因此，佛、法、僧稱為三寶。

所以，在家的佛教徒也是僧伽的一部分。在家人修行戒律、禪定和智慧，這些是法的一部分，也包含在八正道中。八正道包含了所有的佛教徒——不管是出家眾還是在家眾——所應遵循的原則：正見、正思維、正語、正業、正命、正精進、正念、正定。

如果持守戒律，修習禪定，得到智慧，在生活中奉行佛陀的教誨與觀念，就可以自稱為佛教徒。即使還沒完全投入佛教，但有心遵循佛法，也可以視自己為佛教徒。其實很難立即完全熱心接納佛教的每一面，而是漸進的過程。但是如果有心行佛道，而且動機與意圖純淨，就可以自稱為佛教徒。另一方面，如果連釋迦牟尼佛基本的教誨都不了解，不能修習方法、奉行戒律，就不該自認是佛教徒。

讓我們更仔細地討論戒律、禪定和智慧。戒律是一般的道德原則。佛教裡有許多戒律，但所有僧伽成員共同奉行的則有五條：不殺生、不偷盜、不邪淫、不妄語、不飲酒或服用毒品藥物。這裡不擬深入解釋（詳見〈五戒〉一章），只強調佛教徒應該試著遵行五戒，尤其是第一條不殺生戒。

禪定就最普遍的意義來說，就是心的訓練。禪定分為很多層次，而進入禪定的方法則更多。真正的佛教徒應該至少修行一種禪定的方法。

智慧和禪定一樣有許多層次。一個人可以藉著聽聞佛法（聽法師或在家的修行人說法）得到智慧，也可以藉著讀經、讀論、修習禪定、甚至只是持戒，得到智慧。得到智慧最簡單的方式，就是聽聞佛法。以知性的方式來了解佛法的觀念和原則是重要的，佛教徒至少應該從這個層次的訓練開始。

成為佛教徒並不困難。如果奉行上述的全部或一部分，就是佛教徒。只要對佛法有基本的了解、有心修行，那就夠了，並不需要達到完美的境界。如果完美的話，就已經成佛了。例如很可能這裡的每個人都是佛教徒，否則為什麼會在日常行程之外，到禪中心來聽我說法？

我要說的另一件事就是，可以藉由皈依合格的法師，而明白表示要修行佛道。皈依是一個簡短的儀式，只要誦念：「皈依佛，皈依法，皈依僧。」這些是宣告你有心追隨佛陀的法教，承認僧伽是你皈依之處。

問 身為在家的修行人，我不覺得自己像是真正的佛教徒，我覺得只有出家的法師才是真正的佛教徒。

師 你不該那麼覺得，不該認為只有出家的修行人才是真正的佛教徒，而你只是準佛教徒。你們大家都是真正的佛教徒。在釋迦牟尼佛的時代，有許多出家的弟子，但在家的修行人更多，這情況在今天也是一樣。

在小乘的傳統中，有四種成就的層次：初果須陀洹，二果斯陀含，三果阿那含，四果阿羅漢。這裡不討論這些，只是要指出，一般的修行人能到達前三個層次，在那之後自然會放棄世間的欲望而出家，尋求得到阿羅漢果。在大乘的傳統中，菩薩可以出家眾或在家的修行者的身分示現，而且在大乘傳統中也有許多著名的在家居士。

我想，我知道你為什麼覺得困惑。如果出家的修行者和在家的修行者都是真正的佛教徒，那為什麼又需要有比丘和比丘尼？那是「投入」的問題。在家的修行人另外有家庭的重任，容易受到家庭和社會產生的問題所干擾，不能全心全力投入修行。相反地，比丘或比丘尼能全力專注於修行及弘揚佛法。

問 有時您說佛教的觀點和禪的觀點沒有不同，但有時您又區分傳統的佛教和禪宗。佛教中有許多不同宗派，宗派之間是否有很大的不同，還是說基本上是相同的？

師 其實，過去佛教的宗派比現在還多。之所以會有那麼多宗派，釋迦牟尼佛在世時就已經播下了種子——這些其實都來自釋迦牟尼佛最親近的弟子各自弘揚佛法。佛陀的每個弟子都以自己獨特的方式來修行，而這些方式視他的個性、才能而定。阿難對聽聞佛陀的教誨有興趣，大迦葉對苦行有興趣，優婆離長於持戒，有的弟子長於辯論經典、開發神通。所以，打一開始就存在著許多不同的情況。

當不同的法師把佛教引進中國時，他們使用某些經論，結果就發展出不同的宗派，存在著許多不同的修行形式，每一種都訴諸特殊的興趣。在唐代之前，中國有許多佛教宗派，但到了唐末，修行的方法主要剩下禪宗和淨土宗。

禪宗和淨土宗有沒有重大的差異？在日本有很大的不同。禪宗和淨土宗傳到日本的方式，就像佛教從印度傳到中國一樣，在這個過程中產生了一些變化。日本出現的宗派帶有當時開山祖師的特殊性格，因此在日本，禪宗和淨土宗是截然不同的宗派。

在韓國，淨土宗甚至不存在。韓國雖然有一些哲學的學派，像華嚴宗和天台宗，但唯一的修行方式就是禪宗。日本、韓國的佛教徒看中國佛教，很奇怪為什麼禪宗和淨土宗能如此和諧共存？其實，禪宗和淨土宗在中國是同一個時代發展，在唐代是不同的宗派，但到了宋朝末年就合流了。所以在今天，淨土宗的佛教徒使用禪宗的方法，而禪師也不反對淨土宗的方法。

其實，「淨土」一詞直到最近才在中國歷史出現，它是引用自日本。在那之前，使用淨土宗修行法門的人都自稱是蓮宗，因為這一派的信徒主張每尊佛都坐在一朵蓮花上，因此在修行時可以用任何一尊佛的名號。今天由於他們修行時只念阿彌陀佛，因此這個修行方法被稱為「念阿彌陀佛」。但是，過去中國人把這種方法稱為「念佛法門」，因為不限於阿彌陀佛。

有人說，今天中國沒有禪了，我不同意這種說法；佛教依然存在，佛教的修行和禪是分不開的。如果在修行淨土時，達到一心不亂的層次，心無妄念，這和禪修達到的集中心是一樣的。

禪有頓法和漸法。通常是以漸法（如誦念阿彌陀佛的聖號）達到一心；在達到一心的層次之後，禪師就可以用話頭來引起修行者的疑情，這時修行的方法就由漸法轉為頓法。

禪宗有個說法：「大疑大悟，小疑小悟，不疑不悟。」即使長期認真修行，但並不就保證開悟。雖然修行是功不唐捐，但許多人缺乏信心、決心來追尋頓法。對這些人來說，淨土宗是很好的，因為至少有機會往生淨土。因此，對於無法像禪宗那樣的嚴格要求來修行的人，淨土是很好的方便法門。

這並不是說，淨土的修行者無法達到高深的層次，因為最高深的層次就是體驗到處處都是淨土，這是心靈的淨土，修行者知道自己的本性也就是釋迦牟尼佛的本性，這和禪宗的開悟沒有兩樣。

從眾生的觀點來看，禪宗裡的各門各派也有許多不同的地方，就像禪與淨土之間有許多的不同。但從佛的觀點來看，所有佛教的法門都是一樣的，殊途同歸。因此，所有的方法都是佛教的修行方法，所有符合法的教誨都是佛教的教誨。

有情眾生

問 什麼是有情眾生？

師 中文的「有情眾生」包括了所有的生命形式，但佛教把「有情眾生」定義為具有知覺的生命形式。生命形式可以是有情的，如人和動物，也可以是無情的，如花草樹木。然而，由於生命形式包括了有情眾生與無情眾生，所以使人覺得混淆。人們可能相信人可以轉世再生為植物，或者說不殺生戒既適用於動物，也適用於植物。

有些相信輪迴的傳統的確說，人的轉世可以包括無情眾生，比方說，人可以轉世為樹木。然而，根據佛教的哲學，輪迴或轉世不包括無情眾生，也就是說，有情眾生不會轉世為無情眾生，無情眾生也不會轉世為有情眾生。轉世只發生在人界、動物界和靈界。有情眾生之所以陷於生死輪迴，是因為他們執著於自我。

以下由物質形式和知覺這兩個角度來解釋有情眾生。動物能根據物質形式的四個標準加以區分。首先是具有簡單的細胞結構的動物；其次是具有由細胞組成的神經系統的生物；第三是具有記憶的生物；第四是具有思考和推理能力的動物。最高層次的動物，包括人在內，具備所有這四種特色。

必須說明的是，我們可以使用不同的標準來針對現象加以解釋、分類。比方說，現代生物學把人歸類為動物界的一分子，根據的主要是來自物質（解剖與生理學）的標準。佛教不爭論這一點，但佛教哲學所使用的標準也包括了精神原則，比方說業。在這種模式中，人與動物是屬於不同的領域。

下一個層次的動物只包括了上述四種特色中的三種——牠們沒有思考和推理的能力。思考必須要有象徵，必須使用語言來思考。思考也包括了抽象的推理、預測未來的結果、解決問題等等。此時此刻在地球上似乎只有人類大量具有這些能力。

有些動物也許已經發展出粗略的象徵語言。高等一點的猩猩、海豚和狗，對人類的語言似乎可以了解到某種程度。這些動物已經發展出思考的能力，但還未到達人類的程度。

具有記憶意謂著生物體能貯藏經驗以備將來之用，也具備保有和使用象徵的潛能，而象徵則是語言的先決條件。但對於推理和語言來說，記憶並不是唯一的條件。為了形成新的抽象思想，像是分別善惡，就必須有能力來喚起經驗，並且把它們串連起來。沒有推理就不可能有遠見，也不可能運用經驗來創造在未來有用的事物。要做到這一點，必須要有記憶和推理。

除了動物之外，也有靈界的有情眾生，這包括了人界和天界的鬼神，以及淨土宗的聖人、諸佛、菩薩。

問 **這對於動物的標準不是很主觀嗎？我們怎麼真正知道其他動物的智力如何？怎麼知道牠們的語言是簡單或複雜？**

師 這全看你怎麼來定義智力。在思考能力方面，動物如果要和人相提並論，就必須能做道德判斷。許多動物有不同的記憶能力，但任何動物使用語言的程度、複雜度都比不上人類。有些動物以粗淺的層次來思考，例如猩猩能在很原始的層次來計畫，也展現了其他的複雜行為，但沒有人類那麼複雜。

進一步說，物種與物種之間並沒有明顯的界

線。根據上述四個標準來畫分有情眾生的界線，也是模糊不清的。然而，在所有動物中，就屬人類在記憶和推理上最進化了。

我在臺灣讀到一篇有趣的新聞報導。有位老婦人養了幾隻狗，家中起火把她燒死了，有隻狗本來有機會逃離火窟，卻留下來陪主人，也一塊燒死了。在老婦人喪禮時，另一隻狗一再要跳到墳裡，遭到旁邊好幾個人制止，後來那隻狗不吃不喝，最後也死了。那個老婦人有幾個孩子，在她死後不久，他們就為了遺產爭吵。報紙評論說，這些狗比人還高貴，也更曉得痛悔。從人的角度來看，似乎那些狗比那些人還有同情心，而且道德上也更高超。

然而情況並不是這樣。狗的思想、行動不像人那麼複雜。這些狗記得那個老婦人曾經對牠們好，所以在老婦人去世時覺得悲傷。的確，老婦人的孩子們的行徑可議，而且人們也許認為那些狗更勝一籌，但那是根據道德感和正義感所做的判斷。這些狗是在做道德判斷、邏輯思考嗎？狗不會去想什麼該做、什麼不該做，而只是那麼去做。如果那算得上是思考的話，也是由直覺和習慣所控制。另一方面，人則會做道德判斷。人做出不道德的行為時，我們說那是惡劣的。人類能推理、判斷，這個事實顯示了人的心智作用比其他動物都要高。

到目前為止，我們談的都是比較高等的生命形式，至少是具有記憶的生命形式，以及其他具有思考能力的生命形式。還有許多其他動物和生命形式並沒有思考和記憶的能力。一些有情的有機體只有原始的神經系統和細胞。最後，還有一些生命形式只有細胞，這些有機體不是有情，如植物、菌類、單細胞生物。

有人爭辯說，我們總是在殺戮：砍植物吃，殺害了無數肉眼看不見的微生物。植物和細菌都是生命形式，但沒有神經系統，也沒有能力感覺到痛，因此不是有情。根據佛教的標準，植物不能與有情眾生相比。

具有神經系統的有情眾生就能感受到痛苦與快樂，這些痛苦與快樂和先前的行為有關。具有記憶的有情眾生能回憶、期盼並提昇痛苦與快樂的經驗。這意謂著痛苦與快樂的經驗並不限於立即的生理反應。記憶能讓生物以更複雜、技巧的方式來回應環境。最後，如果有情眾生能進行抽象的思考，臆測未來，並重組記憶來形成新的思考，那麼就能分別好壞、利害，道德與不道德。以這種方式來分別的能力，是所有煩惱的根本。

體驗煩惱，意謂著進一步造善業與惡業。造業的這些行動會導致進一步的結果或報應。只有具備上述四種特色的有情眾生有能力來推理、思考、沉思，了解自己在造業。

不能推理、不能分辨道德與不道德的有情眾生，只能從以往的業得到報應。以他們目前的生命形式，不能再造新業，而他們的行動只不過是因應不同情況的自然、立即反應。獅子為了食物而捕殺並不造業。只有人會造業，因為他們能推理、判斷。因此，推理是所有煩惱的根本，這些煩惱使人造新業，而業又產生報應。

另一方面，在所有的有情眾生中，只有人能修習佛法。佛經談到其他動物也能修行，但佛經解釋說這些動物是佛菩薩的化身，而不是尋常的動物。

有一次我看到一個弟子注視蚊子在他手上吸血。他很有耐心地注視，一直到蚊子吸飽，然後用指頭把蚊子摁死。我問他為什麼這麼做，他說：「那是蚊子的報應，牠吸我的血，代價就是自己的命。」

我說：「那個報應是不相稱的，蚊子只是吸你一點血，你卻要了牠的命。再說，蚊子不曉得牠在做什麼，不曉得那會使你痛。」咬痛你的蚊子並沒做錯事，因為牠不能推理或判斷，而你卻能。正常的反應就是把蚊子揮開。那是你的選擇，尤其是如果你怕被傳染疾病的話；但是如果你選擇這麼做的話，要知道自己已經造了業。

問 佛教提到六道，在其他道中的眾生是有情還是無情？

師 你指的是有情眾生依照自己所造的業，所可能進入的六道，也就是：天道、人道、阿修羅道、地獄道、餓鬼道、畜生道。有些人只知道、相信自己看得到的東西，然而佛教談到其他的存在領域。並不是非得相信這些領域的存在，才能接受佛教對有情與無情的標準。鬼神也是有情眾生，但形體微妙，沒有神經系統，卻依然能從心裡，而不是軀體，感受到以往行為的報應。他們大多不能修行，但因為有些護持佛法，有些幫助其他有情眾生，所以也間接得到功德。

問 靈界的生靈有形體嗎？

師 有情眾生通常居住在三界：欲界、色界、無色界。這三界通稱為輪迴。在色界與無色界中的有情眾生是精神的存在，是住於不同層次的三昧和禪定中的生靈。他們會一直停留在這些境界，直到禪定力減弱，那時就會墜入較低的層次。

欲界的生靈有形體，能存在於人道、畜生道和天道，差別在於形體的物質性。人和畜生有具體的形體，人道靈體的形體更微妙，天道靈體的性質甚至更微妙。

靈界的形體是物質的，但因為沒有固定的形式，所以比人體更精微。當他們有意展現自己的能量時，通常會運用周圍的任何物質，而表現出不同的形式，因此能透過風、水、無生命的物質、甚至有生命的物質來發揮作用。

人道和天道的生靈，彼此的性質差別在於粗細。人道的生靈比較以固體或氣體的形態出現，而天道的生靈則是以光或能量的形態出現。至於光和能量算不算是物質，對這裡的討論無關緊要。鬼神和菩薩以兩種方式出現在人道：可以投胎轉世為人，也可以用自己的精神力量暫時以人體的方式出現。

阿羅漢和佛教的聖者則超越了欲界、色界、無色界，因此已經解脫了生死輪迴，但這並不表示這些生靈的形體就完全超脫了三界，而是說他們不受三界的限制或束縛。如果這些聖者停留在色界，就會像色界中的其他生靈一樣。如果他們待在人道，就會像人一樣具有人的形體。差別在於他們不執著於自我，因此不受三界諸種煩惱所困擾。我們應該了解，在我們周遭圍繞著有許多肉眼看不到的有情眾生，比我們所知道的要多得多。

問 來自欲界、色界與無色界的生靈能否同時相處？

師 可以。比方說，有人進入深層次的禪定時，心理處於色界或無色界，但肉體依然處於欲界。當禪定力消退時，心理就回到了欲界。色界與無色界未必是特定的地方，而是心境。色界與無色界相應於不同層次的禪定。

問 什麼層次的殺生才會造業？

師 從第二個層次起的生物，也就是具有細胞和神經系統的生物，就會造業。換句話說，殺的是能感受到痛苦的生物時，就會造業。

問 所殺的動物愈複雜，惡業是不是也就愈大？

師 是的。所殺的生物愈複雜，惡業也就愈大。殺具有記憶的有情眾生所造的業，大過於殺只具有神經系統的有情眾生。殺能推理的有情眾生所造的業，大過於殺不能推理的有情眾生。殺人則是最大的惡業。

問 如果動物不能造業，只是從以往的業中受報，而人又是唯一能造業的生物，那麼動物以往不就必須是人嗎？

師 這個問題很普遍。人總是嘗試要找到開始。但究竟從何開始呢？這並不是那麼簡單。首先，其他世界也有生物。其次，除了人道之外，還有其他道。在所有有情眾生的世界和領域中，業是無始無終的。

如果有開始的話，我們就必須回答這個問題：「這些有情眾生從何而來？為什麼他們以那種形式出現？」以往總是有無量無邊的有情眾生，而將來也會有無量無邊的有情眾生。動物是接受前業報應的有情眾生，因此在以往某個時刻一定是會造業的有情眾生，但這並不意謂著必須是生活在地球上的人，因為還有其他能造業的有情眾生，也存在著其他的世界。而且，這些動物在來生也可能變成人，也可能變成同樣的動物、不同的動物，或其他世界中的生靈。誰又說得準呢？

佛法中一成不變的規則並不多。佛教說只有人能修行，但也有個別的動物、神祇和生靈能修行。他們知道某些事情，以致能修行。而且也有某些天道的生靈能修行。然而，大體說來，只有人能修習佛法。

問 這些和進化又有什麼關係呢？

師 根據佛經的說法，這個星球的條件適合時，有情眾生就會出現。他們從何而來？任何地方都有可能。地球並不是生命存在的唯一地方。宇宙廣大浩瀚，有情眾生之所以在這裡出現，是因為他們的業引導而來。因此，我們和地球上所有的有情眾生都有共業。不管我們和地球上其他的有情眾生從何而來，重要的是，我們現在就在這裡。我們可能來自任何領域、任何世界。

有情眾生造業，世界隨之改變，我們能直接看到這一點。造的業愈多時，世界就會改變，而業並不限於地球上的生靈。地球並不是浮在虛空中，所有有情眾生所造的業，對地球都會有影響。同樣地，我們在地球上的作為也會影響各個領域、各個世界。

有人問「如果人類毀滅了這個世界，或這個世界消失之後，有情眾生會有什麼遭遇？」當那種情況發生時，有情眾生就會到其他地方。至於到什麼地方，就看各人的別業和與其他無量無邊有情眾生的共業了。

問 **科學家不能解釋佛教描述的那些不同現象。就這點能否請您稍加發揮？**

師 我先前說過，修習佛法並不一定要相信存在著所有不同的眾生和狀態。佛教中存在著一些我們接受的基本真理，我們可以從這些真理加以引申、推測。在佛教中，十二因緣、五蘊、十八界是不能分割或爭辯的基本真理，我們只能根據這些觀念加以發揮。

科學家不能解釋所有的現象，只能解釋他們能夠測量或預測的。科學家只研究能實證、觀察的。這是一個限制。佛教並不爭論科學的發現——不管是已經驗證的事實，或很堅穩的理論。當科學家從已知的事實推測或發揮時，他們的觀念便會引起爭辯。

進一步說，佛教並不強調下列的問題：比方說，我們從哪裡來？我們為什麼會在這裡？佛教關切的是有情眾生，特別是人類，如何處理他們的痛苦與煩惱，教人如何認清、處理並終結煩惱，解脫痛苦。對於這些以外的事，佛教並不需要大肆發揮。佛教大體上是實用的。

我們也可以從感情的角度來探討有情。有情意謂著生靈有感情。如果生靈沒有自我中心的感情，也不執著於觀念，就能解脫輪迴，擺脫所有的煩惱和因果。然而，如果生靈依然執著於觀念或感情，就依然在輪迴中，依然是一般的有情眾生。

佛教區分不同層次的感情。最基本層次的感情包括了武斷的情緒、感情，這些都時時刻刻來來去去。這些雜亂的感情和武斷的情緒來自根深柢固的煩惱，在這個層次也存在著貪、瞋、癡。

較高的層次包括了有助於穩定狀態的那些感情，例如對家庭、眷屬、朋友、僧伽的愛。如果在第二個層次的人感受到憤怒或憎恨，就又墜回第一個層次。

第三個更高的層次包括了人們描述為高貴的感情，像是神聖的愛。這些感情是無私的愛，為了崇高的理念而無私地奉獻，包括了對於藝術自然而然的欣賞。這只比第二層次的喜好或感情稍微高一些。比這更高的是哲學的層次，涉及對於抽象、念頭和觀念的感情。更高層次的則是宗教的情操——對宗教、神、靈性的「無我的」投入。

然而，所有這些感情都是煩惱。在所有的情況中，執著和自我依然出現。即使在最高的層次，也就是所謂「無我的」愛和崇高的情操，還是有自我和執著。有情眾生之所以是有情，正是因為他們具有感情。所有在三界輪迴的眾生都稱為有情眾生。如果超越了輪迴，並不表示就是無情，而是意謂超越了執著與生死，解脫了輪迴。這就是開悟的有情眾生的處境：依然是有情眾生，具備有情眾生所有的作用。要記住，諸佛也是有情眾生。

自我

問 佛教指出，人之所以受苦，是因為執著於自我。然而西方卻認為，發現、強化自我和認同，是通往成功與快樂之道。請問，我們要如何調和這些看法？佛教如何看待自我？

師 佛教用三種方式來看待自我，也就是：小我、大我、無我。大多數人把日常的自我當成真正的自我，果真如此，就不必修行了。一般人通常所認為的自我，就是佛教所說的小我，那只是我們為了回應外在環境所捏造出的名字和觀念。自我會使我們不斷地評量自己的感受並加以判斷：「這是我的城鎮、我的朋友、我的配偶、我的處境、我的觀點、我的感覺。」小我便來自這些過程。自我存在的觀念來自與外在環境（周遭的人與事）以及內在環境（身體、感情、思想）的互動。我們時時把對於自己的評量串連起來：「今天早上，我覺得充滿活力去上班；下午回家覺得很疲倦，但做了些家事；晚上想要有人作伴，就參加了個聚會；睡覺前，我會想想明天的計畫。」我們從這些連續不斷的評量中，創造出虛幻的小我。

功成名就的人，對於存在和權力有很強烈的感受。如果他們不斷地成功，就會一直強烈相信自己的存在。但這種自我感不管多麼強烈，都還只是停留在小我的境界。但這種強烈的自我感已屬不尋常。大多數人並不是經常覺得自己有個固定、集中的存在和性格，他們對自我的觀感既不強烈也不集中。打坐則能幫助人培養冷靜、澄明以及內在的決心，因此可能發展出較強烈的小我感。

「發現自我」通常意謂著發展出強烈的小我感，這並不完全是西方的思維方式，而是人類所共有的。若是沒有來自強烈自我感的那種意志力，人們的成就會是有限的。禪修開始時，用的是建立強烈的小我感的方法。之所以稱為小我，是因為沒有真正、持久的東西讓人來掌握。小我來自時時的判斷，但我們並不是經常覺察到自己的評價、自我的觀感時時在改變。

大我似乎肯定了一個永恆不變的本質，中國哲學稱之為「理」。另一個有關大我的看法來自精神的經驗，在禪定以及其他的靈修中，人們能感受到一種絕對的、不變的精神自我。在這種時刻，似乎所有的存在都遠離了，而個人的真性維持不變，彷彿個人的本質就是一切事情的基礎，甚至就是一切事情的本身。

無我的觀念更難掌握。佛教並沒有說「小我」和「大我」不好或不值得，只不過由於小我和大我都有執著，而只要有執著就不能真正得到解脫。無我就沒有執著，但這並不意謂著一旦得到解脫，一切都不復存在。在解脫之後，智慧與功德繼續存在。同樣地，在體會到無我的經驗之後，人生繼續存在，依然有事要做。然而為了達到無我，必須從頭開始學習，也就是從發展強烈的小我感開始。

問 解脫之後，自我評斷是否繼續？

師 這已經不是平常的評斷了，而比較像所謂的自然反應。開悟的人不假判斷，對世界自然反應。

問 您前面說過，打坐能幫助強化個人的小我感。這會不會使得後來在修行時，更難把它放下？

師 在修行之前只是散亂心，甚至不知道什麼是自我。打坐可以幫助人集中心志，建立起集中、強烈的自我感。只有在小我集中時，才能超越它。在參公案時，必須先集中自我才能突破自我。

首先，我教人如何集中、強化他們的小我感。如果他們沒有體驗到開悟，至少已經增加了自尊和自信，心也不會再像以前那麼散亂。在修行過程中，體驗到自我的層次有下列幾種：首先是散亂的小我，接著是集中的小我，然後是大我，最後是無我。

問 達到大我階段的人有何想法和感受？

師 大我這種經驗會出現，也會消失，就像精神的啟示一樣。當這種經驗出現時，人們覺得與宇宙合而為一，彷彿自己就是宇宙。這種經驗消失後，他們又恢復正常，但那種感受會持續下去，他們會覺得更廣大、更安定、更慈悲、更有自信。

問 這種經驗可不可能維持很久？

師 這種感覺會持續，但經驗不會持續。

問 您說過在解脫後，智慧和功德繼續存在，而那就是無我。能不能請您再說清楚些？

師 徹悟的人有智慧、功德，但並不把它當成智慧、功德。如果他們想：「我有智慧、功德」，那就依然執著於自我，不是真正的解脫。是別人見識到他們的智慧、功德，並前來尋求指引。

問 為什麼會有人想要超越大我而達到無我？

師 必須記住，這些名詞都是發明出來的，好讓我們談論修行者的不同經驗。如果真有「無我」可求，那只不過是另一種自我，大我也是如此。在那種情況下，修行者會花上全副時間來追求吸引人的、虛妄的自我。

至於誰想要超越大我？那就是想要體驗佛法的開悟的人。然而，他們一旦到達那個階段，並不會覺得自己開悟或解脫了。其實，他們會回到自己的日常世界，他們的生活也會繼續下去，但卻有個重大的不同，那就是不再執著。

因緣

問 **請您說明佛教的因緣觀，以及因緣與緣起、因果、自我與幻覺等之間的關係。**

師 因緣的原則以及附帶的因果觀念是佛教的基礎，使它有別於其他的哲學和靈修。這些原則解釋了不同時間、不同空間所發生的事件彼此之間的關係。

在進一步說明之前，讓我先解釋一下「法」。法可以指任何事件、現象或意識到的東西。所有的法，不管是世間法或出世間法，都是因緣的一部分，也都受到因緣的影響。英文裡大寫的「法」（Dharma）指的是佛法或佛陀的教誨、修行的方法以及修行的原則。小寫的「法」（dharma）指的是任何的現象。當然，在梵文中並沒有大小寫的區別。甚至佛陀教誨的修行方法本身都是現象或法。

簡單地說，某件事在某個時刻發生，隨後又發生了另一件事，如果前者不發生，後者也不會發生，這便是因緣在作用。這兩個事件之間的關係和互動，我們稱為「緣」。

因緣和因果容易混淆不清。其實，這兩個原則關係密切，很難只談其中一個而不談另一個。從因緣的觀點來看，我們說過，有一件事現在發生，而另一件相關的事後來發生。從因果的觀點來看，我們可以說前一件事是因，後一件事是果。

相反地，此刻沒有事情發生，下一刻也就沒有事情發生。比方說，父母生子女，父母是因，子女是果。有子女，就必然有父母，但沒有父母，就沒有子女。換句話說，先有父母是生出小孩的必要條件——至少就傳統的方式來說。

然而，因不可能單獨導致果或轉變成果，必須發生其他事，和其他的因結合，才可能產生果。這些事件和因素的聚合，就稱作因緣。男女在一起不會自動生下子女，必須有其他因素來使因（父母）導致果（子女）。父母、子女、其他相關因素，全被視為因緣。

假設有一個因單獨存在，而沒有其他緣與它互動，就不會有果。如果因固定不變，而不產生果，這甚至不能稱作因，因為「因」意謂著往前發展成另一件事。在這種情況下，因與緣之間沒有關係。因此，我們可以說因果有賴因緣的聚合。

進一步說，緣（一種法）與因（另一種法）互動，本身必然已由其他事所造成，就這樣在時空上向十方三世無限發展。所有的現象之所以產生，是由於因緣。任何生起的現象本身都是前一個因的結果，它之所以生起是由於因緣的聚合。這導致了緣起的觀念，也就是所有的現象或法都來自因緣。法不孤起，有賴因緣。究竟地說，所有的法不管在何時何地發生，都彼此相關。

由於所有的法都是因緣的結果，它們的產生就是緣起。這不只包括生起和出現，也包括消失和破滅。人出生是一個現象，死亡是另一個現象；泡沫產生是一個現象，泡沫破滅是另一個現象；念頭產生是一個現象，念頭消失是另一個現象。所有的法都因為因緣而生，也因為因緣而滅。

「法」包括了所有的現象，不管是生理的、心理的、社會的、內在的或外在的。有些人也許認為，法只包括外在和生理的現象，並不包括心理的現象，如思想。而佛教認為所有的現象，不管是生理的或心理的，都是法。六種感官和六種感官的對象互動：眼見色、耳聞聲等，這些都是法。第六個感官也就是意識，以思想為對象。意識的對象也包括了象徵、文字、語言，人們以這些來思考、推理、記憶、溝通。所有這些象徵和思想，從佛法的觀點來看都是法。

唯識宗把法分為三種。第一種包括所有物理界的客體，有時稱為色法。第二種稱為心法，例如思想、情緒、感情。也有一種法既不是色法，也不是心法，而是我們用來思索的象徵，包括了名字、數字以及像是時空這類的抽象觀念。雖然在思考和記憶時，這些象徵是絕對必要的，但它們並不是思想本身，因此不能視為心法。

以上三種法稱為有漏法，也就是說，來自於執著的法。佛教認為一般有情眾生世界的所有現象都是有漏法，與開悟者有關的所有現象則是無漏法，包括了涅槃、真如、空。

因緣和緣起的原則當然和有漏法有關，但無漏法呢？這裡必須做個精微的區別。例如涅槃，從眾生的角度來看，涅槃的確來自因緣。如果修行的因緣好，結果就是涅槃。然而，解脫者並不區別涅槃和輪迴。開悟者即使依然在世上發揮功用，但認為世界和現象都不是真正的存在。就這個意義而言，無漏法並不是來自因緣的法，也沒有所謂的因緣和因果。

上面所說的似乎與佛教的無常觀衝突，因為無常觀說一切都會改變。然而，無常觀是從眾生的角度而來，解脫者並不認為有生起和消失的世界、眾生或法。對解脫者來說，沒有什麼變遷可言。

眾生並未開悟，他們把自身當成實在的自我，而與外在環境及心理現象互動。這個自我是什麼？我們先前說過，所有的生理、心理現象都是因為因緣而產生。眾生把這些現象的聚合視為「自我」。即使我們在知性上接受「自我是虛幻的」這個說法，卻依然緊緊抓住幻覺，認為這個自我是真實的。然而，如果我們接受「自我是虛幻的」這個前提，並且認清自己有許多的執著，那麼至少就能以這個堅實的基礎來進行修行、體驗空性。

自我的存在是由於因緣的結果，具有時間的意義（過去、現在、未來的連續），也具有空間的意義。「因」如果沒有和「緣」互動，就不能變成「果」，這些因緣在空間上互動。因此，我們必須在知性上了解自我就是因緣的結果；而我們必須修行，才能體驗自我其實來自時間、空間中因緣的互動。

我們說「自我是虛幻」，並不是說自我是幻想。自我並不是海市蜃樓，我們說自我是虛幻的，是因為它一直隨著因緣、因果而改變，不是固定不變的。同理，所有的現象也都是虛幻的，萬事萬物時時改變、發展、轉化。因此，自我是虛幻的存在，不停地在虛幻的環境中互動、改變。

但只是知性的了解還不夠，必須直接去體驗。這很困難，因為我們在感情上執著於對自我的觀感，這就是煩惱。要解除執著和煩惱的束縛，唯一之道就是修行。透過修行，人們可以用不同的層次體驗到時間、空間並不存在，自我是虛幻的；也可能體驗到時間過得很快，或覺得身體和宇宙合而為一。

古代有位禪師傅大士寫過這麼一首詩：「空手把鋤頭，步行騎水牛，人從橋上過，橋流水不流。」這位禪師用眾生的觀念來描述自己的感受。對他來說，空手和拿鋤頭是沒有區別的，步行和騎水牛是沒有區別的，橋和水是沒有區別的。他所用的描述都是平常人的行動和現象，這些都是動的東西，但這位禪師用現象界的動來描寫不動的體驗。所謂不動的體驗，就是不受因緣限制。禪師體驗到的是真相，不是幻覺，感受到幻覺的其實是我們。

問 因果與業是否相似？

師 業意謂著力量或行動。業必然與因果有關，因為行動有力量，可以造成結果。其實，十二因緣有時被稱為來自業力的十二因緣。

問 那麼物理現象呢？純粹的物理現象，如白雲飄過天空，是因緣和因果所生，但似乎與業力沒有任何關係。業力似乎指的是與眾生有關的行動。

師 這個世界的存在，或者說我們認為這個世界存在，這個事實本身是因為眾生的業力。一切事情的發生都是因為眾生的業力，世間沒有純粹的物理現象。

問 這使我想到相對論，我所謂的相對論，一方面是愛因斯坦的觀念，一方面是一般的觀念；換句話說，此之為此是因為彼之為彼。沒有任何東西是單獨存在或由自己形成的，所有的現象都依賴因緣、因果以及眾生的業力。這種說法正確嗎？

師 正確。因緣是在時間、空間上的作用。愛因斯坦的相對論說，萬物之所以動作，是相對於其他的事物。對於這個說法，佛教並沒有什麼問題。如果某件事在轉變、作用，那是因為在時間上、空間上受其他現象的影響。而這件事也會在時間上、空間上影響其他事物。

問 我記得聽您說過「因緣是空，但因果不空」，這是什麼意思？

師 所有因緣的產生是由於其他的因緣，它們是無常的，一直在改變，因此我們說因緣是空。就因果來說，這就是前後的關係。對眾生來說有因果，對諸佛來說沒有因果。之所以不再有因果，是因為諸佛沒有自我中心，不以自我的角度來看待任何事情。事情依然會發生在諸佛身上，但諸佛並不把它們視為發生在自己身上，而把所有事情都看作是空的。相反地，眾生無法以這種方式來看世界，因此依然把發生在身上的事當成是自己以往的業力所致。

釋迦牟尼佛曾活在這個娑婆世界，和人、環境互動。眾生以他們的方式來看這件事，而說佛陀做了善事、傳授佛法、濟度眾生。但佛陀並不以這種方式來看，而只是很自然地做。佛陀的出發點是智慧，而不是自我中心。

佛陀成道後，依然體驗到身體的疼痛。眾生會認為佛陀之所以受苦，是由於因緣和以往的業；但是對佛陀而言，由於他不再感受到自我，在心理上並不會受苦，只有在肉體上體驗到疼痛。

問 因緣能否控制？能否藉著操縱因緣而直接控制自己的人生？

師 《華嚴經》說：萬法唯心造。如果我們的心改變，因緣也會隨著改變。不管心往何處轉變，因緣也會隨著轉變；態度改變，感受也會改變。如果不努力改變生命和心靈，就會被自己以往造作的行為、意念所影響。如果我們採用佛法來看世界，那麼因緣就會轉變方向，生命中的事物也會改變。

問 但是在生命中，有時感受到自己的惡業很強，以致無法減輕痛苦。我們能否減輕惡業，以改變我們人生的因緣？

師 的確，有時業力強大，個人無法控制自己，也無法擺脫已陷入的煩惱。這可能是由於以往許多的行為累積而成，而現在因緣成熟，所以這些累積的業力一次現前。這也可能意謂一時造下很深重的惡業，而現在因緣成熟，惡果現前。這種情況發生時，就像洪水氾濫，除了隨波逐流，別無他法。

避免、減輕這種惡業的唯一方法，就是在惡果現前、因緣完全成熟之前，先採取行動。用先前的比喻來說，看到洪水來了，就走避高地，那麼洪水的影響就不致那麼大。要避免惡業現前，可以藉著精進修行，懺悔往昔的惡行，多多行善——供養、布施、行善。從做這些善事所累積的功德以及修行的力量，有助於減輕或消除惡業。

當然，如果你是真正的禪修者，就能明確知道煩惱就是煩惱。真正的修行者會努力在任何順境、逆境中都維持泰然自若。然而，受過洪水之困的人都知道，在那個時候要維持個人的修行和泰然自若，是很大的挑戰。

五蘊與意識

問 在佛教義理中，「識」這個字有許多不同的用法，常使我混淆不清。佛教說識是五蘊之一，還有第六識、第七識、第八識。五蘊是佛教的基本教義，但我還是無法區分受、想、行、識。

師 我要同時解答你有關五蘊和不同層次的意識的問題，因為它們彼此相關。五蘊指的是色、受、想、行、識，是佛陀的教誨中最基礎的部分。基本上，我們可以說眾生是由五蘊構成的；沒有五蘊，就無法感受環境，並與環境互動。其實，沒有五蘊，眾生和環境都不存在了。

第一蘊是色蘊，指的是物質界，也就是我們的身體和環境。因此，它包括了生理和物理兩方面。五官（眼、耳、鼻、舌、身）及神經系統（腦、脊椎、神經）構成了色的生理層面；環境中的一切，以及我們用來了解環境的所有象徵，則構成了色的物理層面。

現在我要跳到第五蘊，也就是識蘊。我們必須分清第五蘊的識和唯識宗所談的第八識。唯識宗的發展遠在佛陀宣揚佛法之後，是根據五蘊的說法加以發揮。

唯識宗的前五識來自五官（視覺、聽覺、嗅覺、味覺、觸覺），第六識指的是分別意識。前六種意識大致與受、想、行三蘊相應；色指的是物質界，受、想、行指的是心理層面。同樣地，唯識宗的前六識指的是心理層面。

從第二蘊到第四蘊，也就是受、想、行，都是心理活動。如果置於唯識宗的框架，我們可以說它們是五官與環境互動的結果。

第五蘊，也就是識蘊，指的不只是分別意識，還包括了其他四蘊；而其他四蘊既包括了物質界，也包括了心理層面。因此，第五蘊也包括了物質面和心理面。以這種方式來看，識蘊既是因也是果。第五蘊之所以是因，是因為物質世界——包括了我們的身體和環境——是我們意識的內容所造成的結果。要記住，第五蘊的意識遠遠超過分別意識，而含藏了所有過去行為的業種。它是業的儲藏室，我們的業力。身體和環境都是業的顯現，因此，從這個角度來看，色蘊是識蘊的結果。識之所以也是結果，是因為三種心理的蘊和色互動時，也就是和環境互動時，就產生了新業，新業進入業的儲藏室，也就是第五蘊中的識。

問 **您是說物質世界——也就是身體和環境之所以存在，主要原因就是業，而那也就是為什麼識是因。同時，識也是果，因為我們的身體與環境遭遇，六識體驗到那種經驗而加以回應，因此產生了新業，而新業其實就是第五蘊的識。**

所以，您所說的就是環境——其實整個宇宙之所以存在，是由於眾生存在。眾生的業創造了宇宙？

師 是的，可以這麼說。身體也稱為報身，環境也是果報的呈現。它們之所以存在，是由於眾生過去的業力所產生的結果。佛法的基本原則就是緣起，它主張所有的現象都是彼此相關的，由於業而產生、消逝。環境和身體是別業和共業的顯現。

自身的情況、經驗和遭遇，都是過去行為的結果。過去的行為產生業力，儲藏在第五蘊的識中。最後，意識中的業種會顯現，成為我們所遭遇與經驗的事情。我們經驗和承受以前所造的業的結果時，也會再造新業，而這些新業也轉而儲藏在第五蘊中。

現在，讓我們回頭來比較五蘊的架構和唯識宗的架構。第二、三、四蘊的受、想、行，大致對應於唯識宗的前六識（眼識、耳識、鼻識、舌識、身識、意識）。第五蘊的識，指的是唯識宗的第七識和第八識。

第五識也稱業報識。佛陀原先講五蘊時，並沒有細分第六識、第七識、第八識。唯識宗則根據五蘊加以發揮，把業報識的觀念細分，因而談第六識、第七識、第八識。

我先前說過，受、想、行涉及心理層面，基本上它們是任何心理作用的三個階段。首先，人的感官與環境接觸時，這是受。其次，人區分經驗：這種受是苦的？樂的？或不苦不樂的？這是想。第三，人受到外界事物的作用，而要回應這個經驗，這是行。比方說，我聽到很大的噪音，受就是我的感受，在這個例子中，聲音在我的耳中產生印象；我的想法可能是：「好嘈雜的聲音，我不喜歡它！」行就是我決定採取某種行動：皺起眉頭，或用手摀住耳朵。當人們因為受產生想而採取行動時，就產生了業，而業就根植於第五蘊的識。

希望現在你已經了解五蘊中的識，和唯識宗裡不同層次的識。

問 **無生物沒有意識，但它們又是我們的心的反應。您現在講話所用的麥克風之所以在那裡，是因為我們的別業和共業。這是不是佛教徒在課誦中所指的——「若人欲了知，三世一切佛，應觀法界性，一切唯心造」？**

師 你的說法既對也不對。任何無生物之所以存在，是由於眾生過去的業力。我們遭遇任何事情，都會透過五官，經由分別意識加以察覺。沒有分別意識（唯識宗的第六識）的話，就不能覺察任何事情。當某人的第六識無法作用時，外在世界對那個人來說就不存在。世界對其他人依然存在，但對於沒有意識的人來說並不存在。

然而，第六識無法單獨創造世界。整個環境來自所有的五蘊互動的顯現，我們以五官和分別意識來體驗世界。每當決定、思考、言語、做事時，都是在造業，業力進而創造、塑造環境。我們的世界之所以是現在這個樣子，是由於每個人的業力所致。所以，當你個人在生活中造作新業時，世界也隨之改變。因此，覺察自己的言語與行動是很重要的。你的業不只塑造自己的未來，也塑造世界的未來。

另一方面，只有開悟的人才能見到法界性，也就是空性。「空」意謂所有的法或現象，都處於不斷變化中，沒有一樣東西是恆常不變的。進一步說，每個法都與其他法相關，任何事物都無法單獨存在。如果成佛，就能觀察到這個空性。開悟的人用清淨心來看世界，以智慧來處世。眾生則用煩惱心來看世界，以分別心來處世。這進而造成了環境。

清淨心是智慧，產生法界性，而法界性促成清淨心。

問　佛法也談到十八界，其中包括六識。眾生與環境接觸時，必須包括三個因素：感官、感官的對象、感官的意識。比方說，眼睛是器官，形狀和顏色是感官的對象，視覺是感官的意識。聽覺、嗅覺、味覺、觸覺也是一樣，這個道理很清楚。但我依然不確定第六識的三個因素是什麼？

師　六個感官（六根）、六個意識（六識）、六個意識的對象（六塵），構成我們所謂的十八界。第六識的對象，就是我們用來思考、推理、記憶的符號，這些符號構成第六識的塵。思考、推理、記憶，構成第六意識的意識成分。

符號來自其他五塵。我們以意象和言語來處

理觀念，語言包括了不同聲音的組合，這些組合成為第六識的符號。當意識運用這些符號時，就能推理、記憶、判斷。心意識要發揮作用，就不能沒有符號。

第六識的感官，包括了心理和物理的成分。心理的成分就是報的意識，它來自第八識，也就是業種所在之處。而物理的成分，就是人的神經系統。沒有物理成分，業種無法顯現。它的作用就像大門一樣，允許報種，也就是過去的業，離開業的儲藏室，也允許新造的業進入業的儲藏室。

問 **這麼說來，第六識的心理作用包括了其他五種感官？不是由腦和神經系統來感受、觀察、處理所有訊息的嗎？**

師 是的，但當我談第六識時，談的是大腦中與思想、推理、記憶有關的部分。神經系統也包括了其他的感官意識和生命作用，但不是第六識感官的一部分。腦和神經系統的作用不只一種。

眾生為了能推理、記憶，必須使用符號。只要生物有神經系統，就有前四蘊：色、受、想、行；沒有前四蘊，眾生就無法作用。唯有具記憶和推理能力的眾生，才具備所有的五蘊。

問 那麼蔬菜、植物呢？它們似乎也能回應，比方說有向光性。

師 植物有生命，但沒有神經系統。它們能以某些方式回應，展現原始的動作，那是因為它們有細胞，體內能產生化學反應。但它們對環境的反應不能稱作受，因為受來自神經系統。而類似光合作用和生長這些活動，是純粹的化學反應。

問 第六識不就是前五識的一部分嗎？當我看某件東西時，不是用我的推理能力來分辨我所看的東西嗎？

師 我們可以說，第六識（分別意識）綜合了前五識：視覺、聽覺、嗅覺、味覺、觸覺，但第六識特別指的是推理和記憶的作用。在受的時候，第六識被認為是當時所發生的意識作用，在那個時刻之後隨即開始記憶、推理、判斷，這些都是第六識的作用。

問 可不可能有純粹的知覺？也就是在語言與符號之前的知覺，在我們所謂的第六識的對象之前的知覺？

師 不可能。沒有第六識的符號和其他感官的對象，分別意識就無法作用。那時不是已經死亡，就是腦死。當某人有純粹的知覺時，符號、記憶、推理依然存在於第六識，但已不執著於它們。此人的心靈已經到達了平靜的境界，這時心裡不動，但心的各種作用依然存在。

開悟者與佛陀和眾生一樣，依然具有並且使用第六識。他們記憶、推理、思考、學習，唯一的區別在於：徹悟的人不執著於自我，擺脫了貪、瞋、癡、慢、疑，沒有自我中心，他們的分別意識已經由煩惱轉變成智慧。

問 **因此我們可以說，我有第六識，但執著於它。我相信第六識造成現在的我，但開悟者運用第六識就像工具一樣嗎？**

師 是的，成佛的人依然運用第六識，依然會說「我和你」、「我和它」等等，依然區分主體和客體，但不執著於區分。眾生會說「我是我，你是你」，而且相信這是真的。眾生認同於自己的思想和身體，但諸佛不執著於身體和思想，只是方便地使用它們。如果諸佛不運用身體和心靈，就無法教導眾生。

問 **當心達到無念的境界，那時心裡又是怎麼一回事？**

師 我想，你把無念與無我混為一談了。打坐時有可能心靜止下來，那時似乎沒有念頭，其實卻還有一個念頭。這個人依然穩定在一個念頭上，而他的心不動，念頭也不動，這就是三昧。不必開悟也能體驗到這種情況，換句話說，證得三昧並不自動就會開悟。

另一方面，如果一個人真正開悟，自我的觀念就會消失，沒有自我，但思想會繼續，就像平常人仍會繼續思想一樣。開悟者能作用、推理、判斷，差別在於開悟者不會將這些心理作用訴諸於自我。

問 《心經》說：「觀自在菩薩行深般若波羅蜜多時，照見五蘊皆空，度一切苦厄。」如果觀世音菩薩照見五蘊皆空，又怎麼會知道有五蘊呢？

師 在《心經》中，佛陀告訴我們觀世音菩薩的成就，而不是觀世音菩薩自己在說。觀世音菩薩並沒有指著五蘊說：「這些都是空的。」

《心經》是佛陀為眾生所說，讓那些沒有體驗到開悟的人能了解這些事情。眾生依然相信並且察覺到五蘊，但佛陀說：「如果你能像觀世音菩薩一樣察覺到五蘊皆空，就能超越一切苦厄。」諸佛菩薩都體驗到五蘊不存在，但開悟者依然能從眾生的角度來看事情，他們知道眾生與五蘊牢不可分。

《心經》包含了其他表面上看來矛盾的說法。《心經》說「無智亦無得」，緊接著又說，三世諸佛因此而得到「阿耨多羅三藐三菩提」，也就是無上正等正覺，圓滿至高的智慧。如果「無得」的話，諸佛又如何能得到智慧？這裡的重點是，這部經是為了眾生的利益所說，究竟而言是「無智亦無得」，但眾生由於執著，把這些事情當作成就，所以佛陀必須說智慧與成就。其實，無上正等正覺，圓滿、至高的智慧，就是「無智」、「無得」。

業

問 **業與個人過去或未來的行動，是如何彼此關聯的？**

師 「業」在梵文裡是「行為」的意思。當我們做了一個動作，那個動作結束了，就是過去的事，存留下來的可稱為業力，而業力導致未來特定的結果——不管是此生或來生。在所有的情況下，存在的就是因果的關係。因此，通常所指的業，更正確的說法應該是業力。

許多人認為：「如果我現在做某件事，將來某個時刻就會享受或蒙受那個動作的後果。」這個想法並不完全正確。的確，我們未來會體驗到自己行動的後果，但後果並不是固定的。業力如影隨形跟著我們，雖然影子總是跟著形體，卻隨著光線、位置而改變形狀、強弱。同樣地，業力總是跟著我們，但特定行動的業果並不是固定的。

為什麼會這樣？這是因為新的行動持續發生，因而會修正業力。因此，如果產生了善業，那麼以往惡業的力量就會減輕。相反地，惡行會擴大先前已存在的惡業的力量。在某些情況下，有些長久以來分別做過的特定行動的業力，會聚合成重大的後果。如果這樣聚合的業力是惡的話，後果就很可怕。

問 業力如何控制輪迴轉世？

師 造了善業的人，最好的就是轉生到天道。出生天道並不是透過父母，而是透過自我的意識。而且在天道中，身體不管多麼微妙，都不會死，只有到業力盡了時才會消失。

對具有惡業的人，最糟的就是轉生到地獄道。地獄道和天道一樣，也是透過自我的意識，但天道的眾生生活得自由自在、愉快逍遙，而地獄道的眾生則是束縛重重、痛苦連連。

問 您說造了善業的人，最好的就是轉生天道。可是，不是說修行人最好是重生為人身繼續修行嗎？

師 修行之業和善業不同。盼望解脫輪迴的眾生會產生修行之業，他們會重生到可以繼續修行的世界。善業不一定包括修行之業，如果修行時心中既有智慧又有功德，可能會轉生到某個依然可以修行的天道。

問 當我承受到以往行動的後果時，那個業力是否就消失了？

師 一直到超脫三界（欲界、色界、無色界）時，業力才會消失。承受到行動的後果時，業力並未消失，而是改變。業力就像山上沖下來的水，遇到石頭時會改變方向，繼續向前流，直到流入大海。同樣地，承受到以往行動的後果時，業力也會改變方向。

問 如果這樣的話，下面這種說法就是錯的：每次在人生中受苦，就已經消了一些以往的惡業。

師 不，還是可以那麼說。在受苦之後，業力依然存在，但形式卻已改變。換句話說，業不像一批批好行動、壞行動一樣等著要現前，而是整個的業力。因此，如果體驗到某些壞事，那是以往行為的結果，而業也隨之改變。體驗到好事時，道理也是一樣。

問 業力存在於哪裡？

師 根據唯識派的說法，第八識（阿賴耶識，也稱為藏識）儲藏了我們所有行動的結果，而業力就存在於此。大乘佛教認為第八識包含了所有的業種，但我們不該把這些種子當作是業力的個別單位。第八識不能比喻成電腦的記憶體，記憶體裡的資料會有所增減，但個人造業或承受後果時，第八識並不會變大或變小。第八識雖然包括了各式各樣的業種，卻是單一的、一直在變的業力。

問 業與言語或行動之後的意圖關係密切。沒有開悟的人，可不可能控制自己的意圖和意願，到達不造業的程度？

師 有可能，但是很困難。我想你會無法與其他人互動。沒有意願之下所說的話或所做的行動並不會造業。然而，你要是不想說話或行動，那又怎麼會去說話或行動呢？

問 如果我在不知不覺的情況下殺生呢？比方說，我在黑夜裡開車經過黑暗的街道，一隻貓在我措手不及的情況下跑到我車下。這樣算是造業了嗎？

師 首先，是你自己選擇開車的。其次，會發生那種情況既是因為因緣，也是因為你的業和那隻貓的業。因此，軋死貓是造了業，但和有意殺死那隻貓比起來，業比較輕。

問 飄忽不定的思想會造業嗎？

師 不會。自由來來去去的思想並不造業。只有來自意願的思想會造業。但這種業比語言和行動所造的業要輕。

問 如果有意選擇思考自己的修行方法或者眾生的利益，那會造業嗎？

師 會的，那會造善業。

問 如果炸彈落到這個城市，不會是因為我個人的報應。那是否牽涉到共業？

師 共業是存在的。如果炸彈落到這個城市，大家都受難。所以應該把它理解為共業的報應，也就是我們所有人在不同的時間、不同的空間都造了同樣的業，而在此時對我們來說業力同時成熟。

我們並不分擔別人的業，每個人都承擔自己行為的後果。然而，一個後果確實有可能處置了許多人的業。

問 造成這種結果是由於行動？行動背後的意圖？還是意圖與行動的結合？

師 如果在行動時並不明瞭它，那個行動就沒有業果。業力相應於當時那個人對於自己行為的知覺方式。如果有人在酒醉中殺了人，卻完全不知道自己做了什麼，那麼所承受的後果就相應於喝醉酒，而不是殺人。但極少有人做了那麼嚴重的事，卻了無知覺，因此很可能就造了業。

問 如果有人違反法令，會不會造成負面的業果？還是說那個人感受到了罪惡而造成業果？

師 就業而言，不管對自己的行動是否有罪惡感，都會有結果。如果菩薩覺得需要殺人，雖然他心中覺得這可能是在當時情況下的最佳抉擇，依然必須承受業果。

問 誰來決定什麼行動造成善業或惡業呢？

師 佛教的原則來自釋迦牟尼佛。釋迦牟尼佛的原則不是命令我們哪些能做、哪些不能做。他所傳授的不是道德的規範，而是根據觀察所得。釋迦牟尼佛以他的智慧，能告訴弟子哪些後果來自哪些行動，並且教導他們避免產生惡果的行動，奉行產生善果的行動。

在社會中，為了維持秩序和穩定，法律是必要的，因此法律是相當嚴格的，但業卻是具有彈性的。譬如我做了某件壞事，但因緣尚未成熟，尚未承受那個行動的後果。如果後來做了某件好事，業力可能會改變。然而，如果我做了其他壞事，很可能會更快導致後果。某些人因為一直做善業，所以沒有承受惡行的結果。了解到這一點，應該會鼓勵人更認真修行。

五戒

問 每次禪七結束，我們都要受五戒。五戒的範圍如何？修行者接受五戒的程度如何？在修行的過程中，受持五戒的程度是否會改變？

師 五戒是佛教的基礎，包括不殺生、不偷盜、不邪淫、不妄語、不飲酒或不吸毒。五戒是為了保護修行者，確保生活、心靈的純淨，以便能繼續安全、穩定地修行。因此，五戒對於認真的修行者是必要的。

持守五戒就會檢點自己的言語和行為。如果身業、口業相當清淨，心靈也就比較安穩、純淨。心靈安穩，修行就會更得力，進而可得定。因此，要得定，有賴於持守五戒。持五戒必須是自願的，必須願意節制自己的言語和行為。如果被迫持戒，只會造成挫折、憤怒，不會幫助得定，或使日常生活和諧。

持五戒不只是為了得定，也表示願意接受佛陀的教誨。成為佛教徒除了接受三皈依之外，五戒也是基本的要求。奉行五戒的人，行為會與一般人不同。人們或者因為你是佛教徒，而認為你的言語、行為有別於一般人；或者從言語、行為中猜測你是佛教徒。因此，從這個角度來看，是否要透過修行而得定，反而是另一回事。即使不打坐，只願修習佛法，也該接受五戒。

問 **修行時日愈深，對於五戒的態度與關係是否會改變？**

師 那是一定的。五戒有三個層次，第一個層次是「別解脫戒」，那是一般修行者的層次，也就是在不同時間逐一接受戒條，也就是分別地受戒、持戒。如果真誠持某一戒，就會得到那一戒的益處。因此，可以不必同時接受五戒。

第二個層次是「定共戒」。人們逐漸深入定時，就會自然守戒。如果有人宣稱得到深定，卻依然破戒，那表示他們所說的不是真正的定。

第三個層次是「道共戒」。人們從初次見性到成佛，智慧不斷增長。這時不必提醒自己持戒，而戒已經成為修行中自然的一部分。

問 第二個層次和第三個層次有何不同？

師 在第二個層次，也就是定的層次，可能會退轉。在定中不能也不會破戒，但禪定經驗的力量減弱時，就有破戒的可能。然而，定力增長時，智慧通常也會增長。因此，雖然這種人可能破戒，卻不會犯重戒。體驗過真正深定的人，是不可能邪淫的。

現在讓我們談談每條戒的不同層次。重視戒的程度和個人以及個人的修行有關。破第一條戒的最嚴重行為就是殺人。如果有意地殺人，此生就永遠破這條戒，即使懺悔也不能再受持這條戒。除了這種嚴重的破戒之外，第一條戒因人而異。殺生，不管是牛、狗或蟑螂，都違反第一條戒。

但許多瞋怒與欲望來自人們根深柢固的習性。處於輪迴中的我們，受制於無數的煩惱。即使是認真修行的佛教徒，遇到干擾生活的蒼蠅、蚊子，也會忍不住殺生。如果持戒到某個程度，可能不會殺蟑螂，但另一個程度則可能會殺，全看個人及持守戒條的程度。

如果殺動物而且知道自己的行為，之後懺悔，那麼就沒有破第一條戒。如果有人採取極端的立場，說各式各樣的殺生都是一樣的，不能懺悔，就沒有人會受戒，而且會遠離佛法。戒條必須要適應不同的情境。

前面說過，只有殺人才是破戒。另外，也可以捨戒，而不犯戒。所以如果知道自己可能殺人，例如在戰爭時，就該正式捨戒，以後可以再受戒，這是允許的。因為殺人時，你並不是佛教徒。如果只是輕微的犯戒，可以懺悔並繼續持戒。

問 **如果知道自己要殺人而捨戒，就是預謀殺人，那要如何解釋？如果受戒之後意外殺人，那又如何？**

師 讓我澄清剛才所說的。如果你對某人很生氣，你並不是先捨戒，殺了人之後再受戒，那種作法是荒唐的。這條戒的要點是不傷害或殺害生靈，尤其是人類。如果知道自己會處於可能殺人的情況，像是戰爭，就可以正式捨戒，等從戰場回來後再受戒。

至於意外殺人，第一條戒有幾個標準。犯第一條戒必須是預謀——有心殺人，殺成了，而且在殺人時知道自己的行為。必須具備這些條件才確定犯了重戒，無法彌補。然而不管是否受戒，意外或有意殺人，都會影響你的業。

問 在心裡殺人有何後果？

師 只是在心裡希望某人死去，沒有付諸行動，就不算破戒。

問 談到殺生，所有的出家眾都吃素嗎？不是有一些派別允許吃肉嗎？

師 是的，某些佛教的派別允許出家眾在某些情況下吃肉，雖然如此，這些出家眾並沒有親自殺生，而是由其他人供養。再者，那些動物必須不是專門為他們而殺。他們吃肉的原因是因為生活環境使然，也許其他的食物稀少。

問 開悟的人會自然持戒，那是不是意味著如果他們的屋子裡到處都是蟑螂、螞蟻、老鼠，他們就任其如此？

師 開悟的人不會殺這些動物。更慈悲的方式就是使屋子裡乾淨，讓那些動物不便於存在。但是，如果採取措施消滅它們，必須知道那會引發痛苦和造業。

第二條戒為不偷盜。不偷盜的戒條是根據古印度的法律，如果該罪行要處死，那就永遠破戒了。在古印度，不一定要偷很多東西才處死。美國的法律不會因人偷盜而處死，不管金額多大，所以有些人也許會認為這是允許人去搶銀行。事實上，不管金額大小，偷盜就是錯誤，違反了第二條戒，但能懺悔。

第三條戒為不邪淫，這是很重要的。不守這條戒的人會為家庭和社會製造許多痛苦、紛爭，我呼籲所有在家的佛教徒都要受這條戒。根據古印度的標準，未婚男女發生性關係、通姦、不自然的性行為，都是嚴重犯戒。根據習俗，性行為必須在夜晚、私室，以正常的方式進行，其他任何方式都被視為不自然。

但是時代不同了，西方的道德規範也不同，許多男女處於沒有結婚的同居狀態，在今天的社會，這種行為並不都被認為是邪淫。儘管如此，我還是鼓勵這些人結婚。如果沒有結婚而生小孩，會為小孩製造問題；即使沒有小孩，最好還是結婚，因為那表示對伴侶的承諾。結婚是責任和成熟的表徵。

如果沒有結婚，也沒有與人同居，就該試著節制性欲，不該時時換伴侶。這個時代最嚴重的犯戒行為就是通姦。但人的情緒是很強烈的，如果認為自己此時無法控制性欲，也許最好是捨戒，等以後覺得更能自制時再受戒。然而這只是最後的手段，我並不勸人這麼做。

第四條戒為不妄語，最嚴重的犯戒就是為了名聞利養、社會權勢，告訴別人你是佛菩薩或偽稱開悟，你知道自己在說謊，這是最嚴重的犯戒，懺悔也沒有用。另一方面，如果真正相信自己已經開悟，那就不是犯戒：那是無明和傲慢，不是妄語。

如果為了賺取利益而說謊，那就是妄語和偷盜；如果為了性而說謊，那就是妄語和邪淫；如果因為說謊而直接致人於死，那就是妄語和殺生。

第五戒為不飲酒或不吸毒，本身並不是那麼嚴重，如果破戒，可以懺悔。大多數的宗教都有戒律或戒條，大同小異。任何宗教都不會說可以殺人、偷盜、說謊、邪淫，但只有少數宗教的教派和佛教，強調遠離酒精和毒品。第五戒的目的是為了保護前四條戒。如果酒醉，就可能破其他的戒。再者，佛教強調智慧，對人生抱持理性的態度。酒精和毒品會使人失去理性、判斷力，因此直接違反佛教的原則。

因為很難讓很多人受戒，所以我容許權宜之計。在受戒的儀式中，如果有人覺得自己無法持某一條戒，可以不受。戒條不是刻在石板上，而是行為的準繩。

這些年來，我多次解釋五戒，解釋的方式和在場的大眾及情境有關。如果我認為大眾沒有強烈的信念，就只指出最極端的情況：不要殺人、不要搶銀行、不要雜交、不要告訴人家你是佛陀或禪師。如果大眾更為穩定，我的期待會更高些，把戒條解釋得更詳細。我並沒有任意改變戒條的意義。

戒律與業

問 曾聽您說過，言語和行動會造業，但思想本身不會造業，而會導致造業的言語與行動。根據我先前的了解，思想就是法，和言語和行動一樣，都具有某種力量，因而能夠影響事情。您也說過，心力能助人、傷人、甚至殺人，這既不是行動，也不是言語，而是純粹心理上的。比方說，禪七結束時，我們默默把功德迴向，用意在於幫助眾生。最後，大乘佛教認為，單單念頭就能破戒。能否請您澄清這些混淆之處？

師 身、口、意這三種活動中，「意」最重要。如果一個人具有意識，但在言語、行動時卻沒有心理的知覺，這個人不是被外力所指揮，就是患有精神病。因此，如果身體在行動或言語時不涉及心，就沒有造業。

如果只有心理活動，但沒有顯現在言語或行動上呢？在這種情況下，我們必須區別戒律和業。小乘佛教認為，只有涉及言語和行動才會破戒，這是從眾生的角度來說。因為說話或行動時會影響他人，而且可能是以很明顯的方式在影響。

然而如果只有心動，那麼影響力就輕得多，也不會很明顯。例如，心裡想要偷竊並不是罪行，必須付諸行動才算違法。因此，小乘並不認為壞的念頭就是破戒。另一方面，如果只是心動，影響就輕得多、隱晦得多。想要偷東西並不是犯罪，必須有所行動才犯法。因此，小乘佛教並不把壞念頭當成犯戒。

大乘則認為「心」是最重要的因素，因此心本身就能破戒，也就是說，「意圖」是最重要的。進一步說，惡念會產生惡業，但比言語或行動所產生的惡業要輕得多。

此外要記得，由於人會不斷思考，念頭有些是善的，有些是惡的，有些是不善不惡的，它們都會產生輕業。如果只集中在自己生起壞的念頭而自我責備，就是對自己過於苛責。因為一天中也有很多時刻會生起善念，這些會產生善業，就會有所平衡。比方說，現在你們在這裡聽聞佛法，這就是好事，你們就在造善業。希望在我們的人生過程中，好念頭超過壞念頭。

即使採取小乘的觀點，認為惡念並不破戒，但要知道，惡念持續不斷時，終究會引起不好的言語和行動。因此，最好能防微杜漸，一有壞念頭就加以處理，練習保持清淨心。

問 就業而言，自由意志和命定之間的關係如何？佛陀曾說過一個故事，在他成佛之後，依然因為累劫前所犯的小過錯而受到果報。這表示了對於業報的一種命定的、一報還一報的解釋方式，我覺得很難接受。

師 我認為你對這個故事的了解有些混淆。佛陀的確承受了多生以前所做之事的後果，但他並不把這些當成報應。也許色身會受到一些痛苦，但他的心並沒有我們所體驗到的苦。對開悟者來說，受報與不受報是一樣的。如果無我，又怎麼可能會有果報呢？只有具有自我觀念的人才會體驗到果報。

問 在夢中破戒，是否依然破了大乘的戒律？

師 如果受了菩薩戒，不管是醒是夢，有惡念頭就是破戒。然而，如果在夢中偷盜或殺生，但醒時並沒真正這麼做，就不用擔心，不該為此懲罰自己。徹悟者即使在夢中也不會破戒。行菩薩道的人，總是不斷地懺悔自己的惡行、惡言、惡念，也依然奉行戒律。戒律是行為的準繩，不是誡令。

菩薩戒警醒我們什麼該做、什麼不該做。我們不該破戒，但如果破戒，往者已矣，就該懺悔，繼續修行，然而依然要對業果負責。

佛教的戒律，不該被視為誡令——不是持守，就是違背。應該把戒律想成是清水。如果破戒，就像把水弄髒了，戒律依然在，但不再純淨。藉著懺悔、發願，更認真修行，可以促使持戒再度清淨。

問 單單念頭，會不會對別人造成傷害？

師 如果一直對某人存有壞念頭，日復一日，這些念頭累積的效果會變得很強烈，終於可能會說出或做出傷害那個人的事。如果只是某一天對某人有壞念頭，不太可能馬上會對那人產生壞影響。

另一方面，有些人會培養出心力，用念頭本身直接傷人。這種情況極少，而且與我們所說的無關。多數人的思想只在心理的範疇，要使事情發生，必須透過言語或行動。

我們不應該把戒律當成奇怪或神祕的東西；相反地，我們應該從常識的、人本的角度來了解戒律，把它當成合理的、正常的。如果只是坐在那裡，想要給人禮物，卻沒有實際去做，然後告訴那人：「我已經為你做了好事。」那會有用嗎？

問 **那麼，每次禪七結束時所舉行的迴向呢？**

師 禪七結束時，你已經得到了個人的功德。功德迴向就是願意把功德給別人，希望幫助眾生，這是菩薩道，用自己的心來迴向。只有具有功德時，才能迴向。如果沒有功德，儘管你怎麼想，還是沒有功德可迴向。同樣地，如果做了壞事，不能把壞念頭轉到別人身上，而認為自己就此得到解脫，不再有惡行。

迴向功德時，應該以慷慨心、慈悲心為之。換句話說，應該全部奉獻出來，而不想到自己的利益。如果想藉著功德迴向而得到更多的功德，那就根本沒有迴向任何功德。

問 **什麼能累積功德？救一隻小狗不致溺斃，可以得到功德嗎？還是必須要深入修行佛法？**

師 如果做了好事，未來就會得到好的業報。善言善行能累積功德，有些言語、行動會比其他的言語、行動產生更多的功德。但在心中不應存有想得到功德的想法，而應存有將功德迴向給別人、讓別人受益的想法，這才是真正迴向功德。這就像把錢給別人，如果他們想要還你，你就告訴他們把錢送給其他需要的人，不必還你。

愈少想到自己的利益，對修行就愈好。在迴向功德時，不該想要得到更多的功德。菩薩道的六波羅蜜之一就是布施，行菩薩道的人懂得布施，結果可以減輕自我中心，但那並不是目的。功德迴向，只是修行布施波羅蜜的一種方式。

問 您曾說過，自己的業自己擔，我們既不能承擔別人的業，也不能把自己的業給別人。但如果在迴向時能把善業給別人，那究竟是在做什麼呢？如果有可能把善業給別人，為什麼不能擺脫自己的惡業，把它轉給別人呢？

師 差別在於善業就像自己賺的錢，你有權利來處置。但惡業就像欠人錢，你根本就沒有發言權。

問 用這種方式來談業，似乎錙銖必較，聽來像是人為的東西。難道業就像金融系統？我想到的是類似本金、利息這類事，像是有某種衡量的標準來估量各種行為的嚴重性。我覺得這有些牽強。

師 佛陀教導說，有些問題是不可思議的，如果人們思索這些觀念，希望能得到答案，就會被矇騙或混淆。這些問題之一，就是嘗試了解佛心能做什麼，另一個就是嘗試了解業的運作。要完全解釋清楚業是很困難的，事實上也是不可能的。然而，人們堅持要多知道一些，希望能很清楚、具體地描述，來幫助他們了解自己的存在和經驗。

重點在於，業雖然難以了解，但我們能以類比的方式來嘗試解說它的不同面貌，不過這些都只是比喻，沒有一樣能完全呈現真實的情況。這次我用的是金融的比喻，下次可能用其他的比喻，但這些都只是類比而已，因此無法表達出真正的情況。身為佛教徒，最主要的就是了解我們的思想、言語、行動都有後果，而這些後果是今生和來生必須承受的。

禪是宗教嗎？

問 禪是宗教嗎？

師 釋迦牟尼佛證悟後，在印度弘揚佛法，當時的印度文化很重視靈修和宗教。釋迦牟尼佛開始弘法時，曾經質疑當時盛行的一些信仰，例如個人靈魂的存在；但為了吸引他道的人追求佛法，曾納入了其他的宗教傳統。而且，佛法傳揚的時候，也吸收了其他文化的一些觀念和信仰。在這個過程中，佛教成為一種宗教。然而，佛教與其他宗教不同，而且它的基本原則未必具有宗教的性質。

釋迦牟尼佛並未教弟子向神靈祈禱，甚至也不向佛陀求助、求救。他鼓勵眾生自助助人，藉著學習和修行佛法，解脫自己人生中的煩惱，終能解脫生死輪迴。

人們難免會問「人從何處來？如果沒有開悟的話，死後會發生什麼事？會往何處去？」在回答這些問題時，釋迦牟尼佛所持的是修正過的輪迴轉世的觀念，而輪迴的觀念當時已存在於印度的一些宗教。釋迦牟尼佛說，眾生有過去世與未來世，陷於看似無休無止的輪迴中，除非能開始修行佛法，否則無法超脫輪迴。如果眾生修行到徹悟，就能擺脫煩惱，擺脫使他們陷入輪迴的貪、瞋、癡三毒。

人們又問「如果任何人都能修行成佛，那麼釋迦牟尼是唯一的佛嗎？如果不是，那麼其他的佛在哪裡？」釋迦牟尼佛說，眾生的觀察和力量有限，這個世界渺小，而宇宙浩瀚無邊，有無數無量的佛已得到正等正覺，因緣成熟時，眾生也會成佛。釋迦牟尼佛的回答再度鼓勵人們修行。

然而人們依然不滿足，繼續問「要多久才能成佛？」釋迦牟尼佛就解釋修行之道和過程，描述不同成就的層次，而最終的成就即是徹悟。他也談到那些修行的典範，也就是達到聖位的菩薩。但釋迦牟尼佛沒有要人向菩薩祈禱，而是鼓勵人們見賢思齊，效法菩薩。

釋迦牟尼佛談到菩薩的慈悲與智慧，以及他們所發出要協助眾生得到解脫的弘願。他提到代表慈悲的觀世音菩薩、代表智慧的文殊菩薩，以及許多其他的菩薩。起初，修行人把菩薩當成楷模，但後來許多缺乏決心和自信的人停止修行，而開始向菩薩祈禱。他們祈禱自己的願望能夠達成，自己的痛苦能夠解脫，這種作法一直延續至今。就這個後來的意義而言，佛教是宗教。

佛教發展出宗教的這一面，其實不是壞事。當人們真心向神祇、菩薩、甚至上帝祈禱時，是會得到幫助或減輕痛苦的。但對於祈禱的回應並不是來自神祇、菩薩或上帝；部分來自這些尋求幫助的人本身的心力，也來自向特定神祇或菩薩求助的所有人的集體力量。當有足夠的人真誠向菩薩或神祇求助時，力量就會顯現——不論菩薩或神祇是否真正存在，力量就是會顯現。人們尋求幫助，而他們的祈禱得到回應，這在每個宗教中都是稀鬆平常的事。就這一點來說，佛教就和其他宗教一樣。

然而禪宗卻不同。禪宗直入佛法的本質，鼓勵人們信賴自己，解決自己的問題。其實，禪宗把那些向心外求法的人當作外道，也就是尋求佛法之外的教誨。因為禪宗要求自我奮發，不需要其他佛教宗派中有關宗教祈求的一面。

禪修者並不否認菩薩的存在，他們堅信菩薩、佛陀、祖師大德，但和別人向神祇祈禱、向佛菩薩或祖師祈禱不一樣。他們認為祖師大德和菩薩是修行層次不同的眾生，他們敬佩菩薩，見賢思齊，一般而言，並不尋求他們的幫助。禪修者用比較謙遜、清醒的方式來自我修行，或在師父的指導下修行。

如果禪修者有求於佛菩薩的話，那是為了求法。他們透過僧侶的協助及研習經論來尋求佛法，他們不求力量、靈修體驗或開悟。同樣地，如果他們燒香拜佛，也不是禮拜，而是感恩，因為沒有佛菩薩和僧侶，世上就沒有佛法。對禪修者而言，佛菩薩是楷模，而不是崇拜的偶像或守護神。對他們來說，菩薩不是依靠。

我和其他禪師都會教人誦念阿彌陀佛或觀世音菩薩的聖號，但不是為了宗教的目的。有些佛教徒誦念阿彌陀佛的聖號，為的是往生佛國淨土；念觀世音菩薩的名號，為的是達成願望。這些是宗教的修行方式。我要你們誦念聖號，純粹是做為修行的方法，用誦念聖號來集中你們的心。在唱誦佛菩薩的聖號時，不管是朗誦或默念，身、口、意都集中於偉大的開悟者。這是鍊心、淨心的好方法，透過這個方法，甚至可以體驗到定，開發智慧。

有時，人們要我為他們祈禱。從宗教的角度來看，這些人也許認為我會跪在佛菩薩之前，祈求佛菩薩幫助他們。他們或許認為我和佛菩薩之間有一條熱線，其實我沒有任何特殊的關係，也不會去祈禱。那麼，為什麼我同意為這些人祈禱呢？原因有二。第一，如果我說我會為他們祈禱，他們會覺得好一些，通常人們需要的就是這個。第二，我會透過修行的力量把功德迴向給這些人。修行者能把功德迴向給其他人，其實即使不修行，心念真誠的人也能為他人帶來好處。相反地，如果許多人希望某人受害，那個人很可能就會受苦。這沒什麼神奇，純粹是心的力量。

我誦念觀世音菩薩的名號，心想我的功德可以迴向給其他人，我不管觀世音菩薩究竟存不存在，我又何必操心這事呢？首先，釋迦牟尼佛稱讚觀世音菩薩和他的力量，而我相信佛陀的話。其次，正因為許多人相信而且向觀世音菩薩祈禱，他的力量就存在。因此，我誦念他的名號，而且以他來迴向功德。

觀世音菩薩的作用就像巨大的反應器一樣，成千上萬的人把心念集中在這裡。如果這些人把個人的心念導向不同的對象，就像成千上萬個微弱的手電筒一樣，各自發出的力量有限。但如果人們把心念集中於單一的對象上，就像把所有手電筒的光集中到一面大鏡子，照明功能就大增，而觀世音菩薩就像這面鏡子。

就外在來看，這也許像許多其他宗教的修行，但觀點卻有不同。其他的宗教說，力量來自於人們所祈禱的神祇，佛教則主張力量來自祈禱的人。

有些佛教徒修行得不好，或對自己和方法沒有強烈的信心，會尋求菩薩的幫助，或請師父把法力傳給他們。禪師和認真的修行者並不向佛菩薩求任何事，所求的唯有佛法。他們樂於幫助、奉獻給別人，但不尋求神通和精神上的利益。剛開始修行的人尋求外在的幫助是可以的，只是要了解終究不該向外尋求，而必須完全仰賴自己。來自外在的幫助只能暫時解決問題，而不能穿透問題的根源，真正地解決問題。基本的方法，其實也是唯一有效的方法，就是仰賴自己，透過修行來解決自己的問題。

修習佛教與其他宗教

問 可不可能修習佛法卻依然保持另一個宗教信仰？

師 佛教的修行有五個層次。第一個層次對應於人道，第二個層次對應於天道。其他三個層次是佛教特有的，也就是阿羅漢、菩薩、佛的層次。我的回答主要限於前兩個層次。在人道和天道這兩個層次，都有恰當的方法可以依照佛法修行。大多數的宗教沒有超越人道和天道。有些宗教甚至不關切天道，只關切人生。根據佛經，在這兩個層次中的眾生，或者身在人道而想晉陞天道的眾生，必須要有適當的行為舉止和修行，而這些在佛法中都找得到明確的教導。從這個角度來說，佛法不反對人們尋求重生於天道，因此不反對宣揚這種信仰的其他宗教。

佛教要幫助所有的人，也歡迎有其他信仰的人運用佛教的修行方法。其他宗教的信徒剛接觸佛教時，也不必放棄以往的信仰。如果要保有原來的信仰，並不構成問題。

在大多數的社會中，家庭裡的宗教信仰通常都是代代相傳的。如果為了修習佛教而不得不放棄原先的信仰，會使自己在許多方面與原先的家庭和社會脫節，因為任何宗教裡有許多部分都包括了社會的、文化的互動，不必強迫人們放棄這一切。當初我來美國時，相信接受佛法的人應該是很具有彈性的，可以接納所有的人，不管這些人信仰的是什麼。

至於佛教如何回應西方宗教？基督教、猶太教和伊斯蘭教在歷史上都做過許多好事，幫助過許多人。如果沒有這些宗教，歐洲的一些文明可能就失去了道德和倫理教誨。然而，接受基督教的教誨和接受佛法是不一樣的。其實，耶穌的教誨中有一些和佛法不同，佛法的教誨中也有一些和基督教的教義不同。身為佛教徒，我們應該只考量耶穌的教誨中相應於佛法的部分，而只能以人道和天道的層次來看基督教。

有人認為將來所有的宗教會融合為一，我對這種看法存疑。世界並不那麼單純，各宗教之間必須認清並支持彼此信仰中相同的部分，也要了解並尊重不同的部分。佛教徒不該宣稱自己的宗教優於其他宗教，那會造成不必要的爭端和緊張。我們只能解釋自己的教義，讓別人了解，沒有權利判斷其他宗教是好是壞，是正是邪。

問 **我們可不可以把佛教，尤其禪宗，當成宗教？**

師 這個問題很重要。一方面，佛法，尤其禪法，是修行的方法。釋迦牟尼佛傳授方法，他並沒有要人單憑信心來相信或接受任何東西。從嚴格的修行觀點來看，似乎不需要宗教儀式，不需要對諸佛舉行儀式。就這個意義來說，佛教不必歸類為宗教。

另一方面，如果佛法的教誨鼓勵人們遵行佛陀和祖師所教的方法，那麼為了從修行中受益，就得對佛菩薩具有最高的信心。沒有信心，是不會長久修行的。對於三心兩意的人，修行的益處只是表面的。從這個意義來說，信仰佛菩薩是必要的。如果我們把宗教說成是包括信仰的傳統，那麼佛教就可以歸類為宗教。另一方面，如果宗教只限於儀式，那麼就不必視佛教為宗教。

問 任何宗教都不會承認自己純粹只是儀式，而是有更豐富的內涵。

師 的確。在那種情形下，佛教肯定是一種宗教。我們必須自問，這些儀式對宗教是否必要、是否有用？佛法在東方傳播時，人們從遵循那些儀式開始。我剛到美國時，在我的教法中只採用少許的儀式。然而，在修行過一段時間後，這裡的人對佛菩薩、祖師自然生起很大的敬意、信心與感恩，而表達這些感情的正常方式就是透過儀式。

那麼我們說到宗教時，到底意味著什麼？宗教是信仰具有領袖魅力的一個或眾多實體（可以是人或神靈）的存在、力量或權威。這包括了導師、先知、眾多神祇或一位神。這個信仰的對象經常是創教的導師，如佛陀、耶穌、亞伯拉罕、穆罕默德。宗教裡最重要的就是這些教法，因為那是我們要用功、學習、修行的。

問 我的問題與修習佛法的其他宗教信徒有關。可不可能在知性上了解佛法的觀念，從修行中受益，卻不把這些教法納入自己的宗教信仰體系？

師 可不可能不顧教法、觀念、理論，而只是修行？這是可能的，但只限於開始的階段。我教初學者時，可以不顧這些教法，但過了一段時間就得介紹像是業、輪迴、因緣等觀念。

能不能只是了解這些教法，而不接受它們？也許可以，但那是對修行利益得少為足的人。如果要深入佛法的修行，就得接受那些教法。

問 **那麼，早先的問題就又回來了：人們可以不放棄其他宗教信仰，而從打坐和佛法的原則獲益良多；但如果要深入修行佛法，終究至少要放棄原來宗教的一些信仰？**

師 是的。在較淺的層次時，可以抱持原先的宗教教義。但如果要認真修習佛法，就必須放下其他信仰，不可能對兩套教法都有絕對的信仰。不必放棄原先的宗教，這種說法指的是那個宗教的社會、文化方面。但即使放棄另一個宗教信仰，並不表示就反對那個信仰。

問 **可不可能更進一步說，這些其實只是在心裡？它們只是信仰、觀念，因此我想信什麼就信什麼，甚至可以在心裡同時有彼此矛盾的信仰？**

師 很難同時擁有彼此矛盾的信仰，因為人們很難擺脫自己對宗教的觀念。許多其他宗教的信徒想從佛法受益，他們受到佛教哲學的吸引，但以自己的信仰來詮釋。他們嘗試佛教的修行方法，以便在自己的宗教裡達到更高的層次，來體驗他們的神。佛教的方法可以用於這些目的。我們也可以說，在其他宗教裡達到較高層次的人具有開悟的體驗，但這些並不真正是佛教的開悟體驗。他們沒有放下所有的觀念，沒有放下自己的信仰，沒有放下自我。人們聽到這種說法，也許會解釋成佛教徒覺得自己的信仰比別的信仰高超，他們的開悟層次超過其他種類的開悟。其實不是這樣，這是佛教徒描述他們體驗的方式。其他宗教有他們的觀點。討論彼此的高低、好壞都是無關、無益，甚至是危險的。

問 **您先前提到其他宗教的人物，例如耶穌，是不是菩薩的問題，能不能就這一點加以發揮？**

師 宗教通常有三個基本因素：教主、教義與儀式。以基督教來說，我不願說教主耶穌是菩薩，也不願反對這種看法。就他的教法本身來說，你我都難以斷定耶穌是不是菩薩。只有菩薩才能斷定耶穌是不是菩薩，因為菩薩能看到他的法身。我做不到這一點，所以不願抱持特定的贊成或反對的立場。其實，這個問題是無關緊要的，重要的是教法以及教主生平的示範，那才是人們該關切的。

問 **我生長在天主教的家庭，因此我的子女出生時，父母期待我們讓子女受洗。但我們並不信天主教，因此不希望舉行這個儀式，否則便是表裡不一。**

師 如果你的父母不是強烈反對你的意願，就不一定要接受這個儀式。如果那會使他們難過，受洗也沒關係，就當作是給父母的人情。

還有一種看法就是：佛教承認心的力量，如果有人真心祝福，比方說透過受洗來祝福，受到祝福的人就會受益。福分來自祝福者的心的力量，以及那個人相信的神祇的力量。佛教不否認神祇的存在，佛教承認其他信仰的神祇存在，而且具有法力。就你小孩的情況來說，如果天主教的神父為小孩施洗，那對小孩有益。如果你也要我為小孩祝福，我會很樂意的。那麼一來，你的小孩就受到雙重的祝福。

佛像

問 為什麼佛教徒使用並且尊敬佛像？

師 釋迦牟尼，也就是歷史上的佛陀在世時，並沒有佛像。一直到釋迦牟尼佛涅槃後一百年左右，人們才開始用不同的事物來象徵佛陀，比方說以法輪來象徵佛法的轉動，以娑羅雙樹來象徵釋迦牟尼佛進入涅槃的地方，以菩提樹來象徵釋迦牟尼佛證悟的地方。這時也開始了對釋迦牟尼佛遺物的崇拜。這些象徵和遺物很可能代表了後來佛教形相的起源，包括佛像。

在釋迦牟尼佛去世後的早期，人們使用不同的地點和事物來幫助憶念佛陀，後來建塔來存放佛陀的遺物。不久，塔的數目超過了佛陀的遺物，因此塔中改置佛像，這是佛像出現的起源和歷史。

問 崇拜的觀念是一個關鍵議題。在一些人的心中，佛陀的形相和佛像具有超自然的力量，似乎許多人把佛像當成神祇的延伸。

師 這種信仰確實存在於對佛陀教誨了解不深的人心中。他們把佛像當成神祇的延伸，他們崇拜這些佛像以便從佛陀得到回應和利益。就此而言，佛像對許多人的確發揮了像神祇一樣的作用。

從佛教的觀點來講，人們把佛像和佛陀當成神祇來崇拜是可以接受的，因為諸佛無所不在，目的就是要幫助眾生。如果眾生有所求，諸佛就會回應。然而，這只是一個觀點。

向諸佛尋求回應的眾生，不但從諸佛得到利益，而且從這些要求中得到利益。如果人們想要達成或完成什麼事情，可以因為自己有心而達成，因為這就像自己的聲音一樣，能同時向內、向外發出，讓自己也能回應。這是自己努力的成果。

認真的修行者對佛陀的教誨有深入的了解，因此佛像對他們來說只是修行的工具。當他們要表達感恩或練習專注時，佛像可做為注意的焦點。

此外，在繪畫與雕塑中，佛像顯得莊嚴光輝。修行者和其他人看到時，會生起見賢思齊之心，希望效法佛陀的無限功德與智慧。以這種方式，佛陀的形相也能幫助人。

問 據說佛陀能根據不同的對象而應機說法。您有關佛像的說法似乎與佛陀這方面的作法相似：佛教有許多不同層次的入門方式，而佛陀的形相能讓許多人以不同的方式來運用。

師 正是。比方說，丹霞天然禪師（公元七三九至八二四年）有個流傳久遠的軼事，他在嚴冬把木雕的佛像燒來取暖。有人驚訝地說：「你是禪師，竟然燒佛像！」禪師回答：「能燒掉的就不是佛。」對他來說，佛無所不在，卻不是可以掌握或得到的東西，更別說燒掉了。

在中國開啟叢林制度的百丈禪師（公元七二〇至八一四年），沒有擺設佛像或其他佛教形相的佛堂，只有讓人修行、聽聞佛法的法堂。根據百丈禪師的說法，佛法就代表佛陀，只要有佛法，佛像就沒有必要。

不過在唐朝之前，禪寺就納入了佛像，我們從雲岡和龍門兩處石窟就可看出佛像的重要。這兩個地方有許多刻在牆上的佛像，大約是在公元三、四世紀時完成的。唐朝之後，佛像對一般修行者也很重要。

問 我認為天然禪師燒木佛是為了教導弟子。但如果是我，為了展現我對佛法的了解而燒佛像，會不會就很不一樣？換句話說，燒佛像這個動作如果不包含對佛法的正確了解，那反而是大不敬？

師 你要知道，天然禪師的故事是公案。公案中所描述的事情只發生一次，不能重複。如果後人重複或模仿公案，那就是造假，肯定不是開悟的表示。如果任何人聽到公案而想重建當時的情景，就會造惡業。

問 但如果有人真正相信「能夠燒掉的就不是佛」呢？如果有人真正相信自己只是燒木像取暖呢？那就不表示不尊敬，為什麼又會產生惡業呢？

師 如果你的處境是必須燒佛像才能活下去，知道自己的行為並不是真正的了悟，而是從知性上了解這只是一塊木頭，那就能這麼做了嗎？不，這麼做還是會造業的。天然禪師之所以這麼做，是要幫助弟子斬斷執著，他是為了別人而這麼做的，並不是因為自己快凍死了。如果你隨他的例子重複同樣的場景，那只是為了自己的緣故，而不是為了別人。你這麼做沒有道理，換句話說，因為你的動作是為了自我的動機，就會產生惡業。

對於開悟者來說，佛像依然是佛像，木頭依

然是木頭，兩者在他心中是不同的。另一個人也許認為兩者是一樣的，這是那個人混淆不清，沒有開悟。

重複公案是不智之舉，公案是不能模仿的，如果有意模仿，就會產生麻煩。

問 **我依然不了解。如果所有的東西都有佛性，為什麼開悟者看佛像和看普通木頭會不一樣？**

師 從佛性而言，一塊木頭、一尊佛像或任何其他東西都沒有分別。但就現象界而言，其中仍有區別。以世間的現象而言，每件事情都是不同的，但在開悟者心中則沒有區別。如果禪師連分辨日常現象的常識都沒有，就會被認為是瘋子。

問 **早先您說認真的修行者以佛像為工具，做為表達感恩的對象。但在佛像前頂禮感恩，經常遭到一些西方人士的誤解，認為這是崇拜虛假的偶像。**

師 我先前說過，崇拜的方式有兩種。第一種是，一般人禮拜佛像是為了從諸佛得到某種利益或回應。第二種是，認真的修行者以佛像為工具，這並不表示認真的修行者沒有得到利益；還是會有回應的，但回應來自個人的行為。認真的修行者，不應想要或希望諸佛能為他們做自己該做的事。

如果說能從諸佛得到任何利益的話，不管是尊敬諸佛或使用佛像做為工具，這些利益都是來自佛陀所教的法。敬佛能幫助人將佛法帶入自己的修行中。因此，表面上看來是崇拜，其實是修行和練習。拜佛成為練習禪定的方法。然而，這是禪的觀點，佛教的其他宗派有不同的教法。

問 **從禪的觀點來說，似乎拜佛和拜師父一樣，都是暫時放下自我。**

師 是的。

問 **與佛像或佛的形相相關的就是「開光」的觀念，能否請您就此進一步說明？**

師 在開光儀式中，人們為了一般宗教修行者的利益而為佛像開光，程序可能有所不同，但通常是開光的人祈請佛像所代表的佛陀、菩薩的名號或咒語。他們運用自己的心力做為頻道，讓菩薩或佛陀的力量和回應得以傳達。當然，如果已經開光的佛像放在博物館裡，就不會有回應。如果放在寺廟裡讓人景仰，很可能就會有回應。開光的儀式，是把佛像從一般藝術品轉變成宗教藝術品。對於主持開光儀式的人和一般的修行者而言，這個儀式本身就會造成不同的感受。而且，佛像本身在開光前後也有所不同。

然而對禪修者而言，沒有必要使用已經開光的佛像。他們可以用任何佛像，因為他們的目的不是要從佛陀得到任何回應。

佛教的功德觀

問 您經常提到慈悲和功德，但對眾生而言，不可能達到佛教所主張的終極的慈悲境界。例如梁武帝問菩提達摩，他造了那麼多佛寺，有多少功德？菩提達摩回答：「沒有功德。」因為皇帝做善事時心有執著。但是，除非開悟，否則不可能心無執著地行動、表現慈悲。這樣的情況實在令人氣餒。如果菩提達摩所言屬實，那就意謂著其實沒有功德這回事。果真如此，迴向功德又有何意義？

師 在梁武帝和菩提達摩的故事中，必須了解菩提達摩的用意在於破除梁武帝的執著。此事不宜就字面上來解釋，說梁武帝的行為完全沒有功德。其實菩提達摩試著指出，梁武帝執著於功德的觀念。如果做事時心懷功德，自我中心就會愈來愈強，因此禪師經常會見機說教。

我們可以從兩個角度來看佛法。一個是從眾生的角度，從現象的角度，也就是所謂因地的角度來看。不論說了或做了什麼，就造了業，有業就會產生果報。因此，做好事、累積功德，自然會產生好的結果，這就是因果法則。對眾生而言，因果是在世間或現象界的領域。在世間的因果是有漏的，也就是說，是自我執著的一部分，而且受到自我執著的影響。這些因果包括了善業、惡業及功德。

另一個是從開悟者的角度來看，這些因果超越了世間或現象界，是無漏的（沒有執著），同樣地，結果也是無漏的。這些現象就是菩提、涅槃、成佛。這些徹悟者是從果地回頭看因。

從第一個角度看事情的人，是處於輪迴中的眾生。如果他們認為言行舉止沒有後果，惡行沒有惡果，善行、功德沒有善果，就是觀念不正確。這些人很可能不會修行佛法，因為他們覺得毫無所得。更糟的是，他們可能說出、做出相信報應的人所不會說、不會做的事。

然而，徹悟的人觀察、了解到其實根本無功德可言，功德只是因為自我而存在。開悟的人已經體證到空性，他們的功德已經轉化為智慧。開悟的人也會說沒有所謂智慧或成就。開悟不是由於智慧與功德，因為智慧與功德這些觀念涉及自我。因此，從開悟的立場來看，菩提達摩「沒有功德」這種說法是正確的。

我們不可把開悟的境界和未開悟的境界混為一談。如果開悟的人依然宣稱功德存在，那麼他們就沒有完全開悟。如果未開悟的人宣稱沒有功德這回事，則是出於無知。有這種信念的人不會去修行，而不修行就永遠沒有機會真正了悟。因此，有必要了解因地（未開悟的境界）和果地（已開悟的境界）是有區別的。

我們可以從兩個境界來解釋梁武帝和菩提達摩的故事。從因地而言，梁武帝的確累積了功德，因為他做了好事。但菩提達摩是從果地的觀點來回答，為的是要警惕皇帝，幫他擺脫執著，看穿現象的空性。他嘗試讓梁武帝了解，在任何情況下，行動本身、行動者、行動的結果，三者都是空的。不幸的是，菩提達摩的方法在梁武帝身上無效。

我們不該因為梁武帝的觀點而輕視他。他是虔誠的佛教徒，忠心護持僧眾，他的生平、行為都可做為典範，值得大家稱讚，但他對禪宗直截了當的方法卻不受用。歷史上，菩提達摩和梁武帝之間的對話很可能從來沒有發生，它之所以著名是因為與佛陀的教誨有關。

多少世紀以來，這個故事產生了很多混淆。

為了幫助人更了解佛法，於是說了另一個故事來澄清一些事。這個故事涉及生於菩提達摩後數百年的百丈禪師。有一次百丈禪師開示之後，會眾中有位老者對他說：「其實我不是人，而是狐狸精。許多世以前我是個和尚，有弟子問我，開悟的人會不會受制於因果？我告訴他，開悟的人不墮因果，一言之差使我五百世來都轉世為狐狸。現在請您就此開示。」百丈禪師回答：「開悟的人不昧因果。」老人聞言，當下開悟，高興地向百丈禪師頂禮，並說：「明天到後山，就會發現一隻死狐狸，請為它舉行僧人的葬禮。」第二天，百丈禪師前往後山，在洞裡發現一隻狐狸的屍體，就依照儀式火化。

這個故事很可能也是則傳奇，但有很好的作用。許多人誤解了菩提達摩和梁武帝的故事，因而受苦或導致他人受苦，所以有人創造出百丈禪師和野狐的故事。

禪宗不談過程或進度，也不採取因地的角度，而只從結果或果地的角度來談，因此總是採用負面的方式，而不是肯定的方式；也就是說，禪宗的目的在於打破各式各樣的執著，不要人依賴或擁抱任何事情。

臨濟禪師（卒於公元八六六或八六七年）有一次說，三世諸佛都是笨蛋，他對菩薩和阿羅漢也有類似的說法。他的意思是說，所謂的諸佛、菩薩、阿羅漢其實並不存在。然而這是從開悟者的角度而言。對於眾生而言，其實是有諸佛、菩薩、阿羅漢的。如果人們只看到臨濟禪師表面上的意思，可能就相信佛陀不存在，佛陀所有的教訓都是垃圾，修行是沒有目的的。如果你認為身為眾生而不去修行是件好事，應該受到責備。另一方面，如果你認為佛法高深莫測而心生恐懼，也該受到責備。就像我所說的，禪經常是從究竟的立場來發言，這些是徹悟者的了悟與成就，是要人景仰、效法的，而不是心生畏懼。

禪的方法就像雙鋒利刃，既能幫人，也能傷人。利根或善根的人能從禪法中受益，能利用這些方法得到成就。相反地，業障深的人可能誤解這些教誨，因而受苦。那就是為什麼在修習佛法和修行時，必須跟隨良師，以免誤入歧途。

許多人誤解禪的方法。有一次，有人對我說：「師父，我剛讀了一些公案，它們實在神祕莫測。有一位和尚問禪師該不該念佛？禪師回答，念佛一聲，就該漱口三天。另一個故事說，有一位和尚問『佛是什麼？』禪師回答：『從沒聽說過佛這回事。』和尚就問禪師有關釋迦牟尼佛的事，禪師說：『如果當時遇到他，就一棒打死餵狗。』這彷佛是瘋人講的癲話！」

佛教中說，詛咒佛陀是五大惡業之一，這麼說來這些禪師都該受到嚴厲的報應。但這些故事和菩提達摩與梁武帝的故事性質相同，用意都在當頭棒喝，通常是對那些很接近開悟的人所說的。就禪宗而言，這些說法有時稱作「轉語」，禪師使用這種方法來破除執著。在這種情境下，禪師不是無知傲慢，而是用這種說法來幫助修行者。說這些話的禪師，很可能說完話之後就在佛前頂禮。如果人們聽到這些禪師的話，又看到他們後來的行為，也許認為他們表裡不一或精神錯亂。其實，這只不過是他們運用方法來協助眾生超越自我與他人、涅槃與輪迴、佛陀與眾生之間的分別。他們嘗試粉碎人們依賴的相對觀念。

許多年前，有一次在臺灣舉行禪七，有人問我他能不能不用數息的方法，而改用念佛？我問「什麼佛？」他回答：「阿彌陀佛。」我說：「我們這裡沒有阿彌陀佛，所以你不能念佛。」這個人回到蒲團上，左右張望，看到一尊阿彌陀佛的佛像，回過頭來找我：「你剛剛怎麼可以那麼說？那邊明明就有一尊佛像。」我說：「又不是我把佛像放在那兒的，是我師父放的。」

後來那位修行者見我向那尊佛像頂禮，又問

「你怎麼可以向阿彌陀佛頂禮？」我說：「如果我的師父向阿彌陀佛頂禮，我怎麼敢不照做？反正你就是不能念阿彌陀佛的名號。」但這個人很堅持，說：「師父，我真的想用這種方法，因為我覺得數息毫無功德。」最後，我讓他念阿彌陀佛的聖號。此後，我就允許人們在禪七中使用念佛的方法。

問 讓我們從因地的角度來談——因為我們畢竟都還是在這個層次。什麼是慈悲的行為？什麼又不是慈悲的行為？如果某人有慈善之舉，卻有其他動機——不是害人，而是自私的目的；而另一個人做了同樣的行為，但動機卻是為了利益他人，這樣是不是不同的慈悲？產生的功德是不是也不同？從接受他們善行的人來說，這些行為是相同的，但一個人可能得到巨額的免稅，名字刊登在報章雜誌上，另一個人可能只是默默行善，不圖名利。請問是否有差別？

師 如果某人做了善事，就有功德，那個人多少是慈悲的。問題是，那個人真正慈悲到什麼程度？這要看行為後面的動機或意圖。如果一個人的行為是為了利益他人，那麼比只為了節稅的人更慈悲。但他們都做了善行，因此都有功德。就一般法則而言，心理愈自私，慈悲就愈少，功德也愈少。

問 **但是，我們所思、所言、所行都來自自私的心理，眾生不可能完全無我地來做事。我想我能自動做一些好事，而不思索行為的後果，但事後看起來，可能會自我勉勵一番。這樣會改變我善行的功德嗎？**

師 做了善行，心裡覺得很好，這是人之常情。只要執著於自我，就不可能沒有自我中心。如果可以沒有自我中心地做事，那就不涉及功德，可能就是佛菩薩了。只有在有自我的時候，才有功德可言。善行當然會造善業，得到功德，就像我先前說的，這全看你的心態。你的行為基礎可能是貪心，也可能是愛心，而後者比前者更有功德。但在這兩種情況中，行為和動機都來自自我。

問 **執著可以分成不同的程度？還是非有即無？**

師 是的，執著有不同的層次和程度。有些人對一切事情都執著，有些人極為貪心，有些人則很執著於某些事而對其他事根本不執著，還有些人欲望很淺。這全看個人而定，和修行的層次、心態、情況有關。如果你關心自己思想、言語、行動後面的動機，那麼最好的方法就是修行，以便更清楚地覺察自我。

問 **在佛教中，慈悲與智慧的關係如何？似乎兩者攜手並進，如一體的兩面。但它們一定要配對出現，不能單一存在嗎？它們是同一件事嗎？**

師 我們可以用兩種方式來描述智慧。一種牽涉到自己，一種牽涉到你與其他眾生的關係。運用智慧和他人相處，就是慈悲，慈悲只存在於和他人的關係中。真正的慈悲不可能離開智慧而存在，而究竟的慈悲只有在無我、無執的情況下才會存在。

菩薩與阿羅漢

問 阿羅漢和菩薩有何異同？證得阿羅漢時，除了安住在那個境界之外，還會想去做任何事嗎？如果菩薩不再有欲望的話，又是什麼因素促使他們繼續前進呢？

師 證得阿羅漢時，得到了什麼，又失去了什麼？阿羅漢是否必然為小乘的修行者？菩薩是否也是阿羅漢？在什麼情況下，阿羅漢會轉向菩薩道？還是會永遠停留在阿羅漢的階位？最後，如果菩薩已經止欲，是什麼因素促使他們繼續修行？

並不是自己想成為阿羅漢，就能成為阿羅漢；而是需要透過長期的修行，止息或根除煩惱後，才自然成為阿羅漢。有些人聽了佛陀的一句話或宣講佛經，立刻斷除所有的煩惱，去除貪、瞋、癡，證得阿羅漢。這種人如鳳毛麟角，但我們在佛經中卻讀過這一類的事蹟；其他人則是以漸修的方式斬斷所有的煩惱。

阿羅漢分為四個階段：第一個階段已去除了自我觀，根除了疑惑。第二個階段則是降伏了貪、瞋、癡。第三個階段是完全斷除欲界的貪和瞋。第四個階段是真正證得阿羅漢果，去除了三界（欲界、色界、無色界）中的貪、瞋、癡；在這個階段，所有的煩惱都已斷除。漸修的人和立即證得阿羅漢的人不同，漸修的人沒有意圖或欲望成為阿羅漢，他們的目標是斷除煩惱。

就斷除多少煩惱而言，小乘的阿羅漢和大乘的菩薩有相應之處。比方說，小乘佛教第一階段的成就，是去除自我觀，並根除所有的疑惑；這裡的「疑惑」指的是懷疑三寶，懷疑能否超脫輪迴、斷除煩惱。這在大乘佛教裡就是到達了初地；這裡的「地」指的是修行的豐碩之地，從這裡可以產生智慧。總共有十地，第十地就是成佛的門檻。阿羅漢的第四個階段，相當於七地。

要知道，在小乘和大乘的傳統中，這些果位是極高的。這兩種途徑的差別在於菩薩更強調慈悲，首要之念就是如何幫助眾生。由於他們一直與眾生互動，就更難根除煩惱；也就是說，他們可能已經到達了初地，而且可能已經沒有任何自我觀或懷疑，但依然有很多煩惱。之所以如此，是因為菩薩示現於眾生的世界中，必須一直與眾生打交道。因此，小乘的修行者證到阿羅漢所需的時間，比大乘的修行者成為高階菩薩的時間要少得多。

菩薩的目標不在於止息煩惱，而在於積累功德、利益眾生。到了八地時，功德依然不圓滿，因此必須在菩薩道上繼續修行到十地，這時所有的煩惱和執著都會根除，功德圓滿，也就成佛了。

佛經告訴我們說，佛陀大多數的著名弟子都成為阿羅漢。而且從佛經中也顯然可見，他們關切眾生的福祉。禪宗初祖大迦葉、阿難陀和舍利弗為了眾生而向佛陀問了許多重要的問題。因此，雖然他們被認為是阿羅漢，但慈悲的本質顯示他們也是菩薩的理想的化身，而不只是關切自己的福祉。

進一步說，佛陀要求他所有的阿羅漢弟子弘法。比方說，他要最初隨他修習、證得阿羅漢的五位比丘到不同的地方弘法，以便幫助更多人。因此，有許多阿羅漢展現出菩薩的態度。但究竟有多少，我們並不知道。在佛陀指導下成為阿羅漢的一千二百五十名弟子中，我們知道生平的只有十幾位。

有一些理由來說明阿羅漢為什麼可能不追尋菩薩道。也許他們沒有信心幫助他人，也許他們覺得自己已經到達究竟的地位。經文中有這樣的四句話：「生死已盡，梵行已立，所作已辦，不受後有。」有些初期的阿羅漢知道了這些經文，也許覺得自己已經到達了究竟的目標，自信修行已經圓滿，因為畢竟佛陀已經肯定他們得到了解脫。如果他們認為沒有更高的層次，那就沒有必要回到人間。

也許有些阿羅漢覺得人間充滿了太多的苦難。他們可能在餘生中幫助其他人，但覺得對別人的責任已了。有些阿羅漢在圓寂前改變態度，開始奉行菩薩道，但其他阿羅漢則進入涅槃。從佛的角度來看，這些阿羅漢可能已經得到解脫，卻沒有足夠的功德。因此佛經上說，那些覺得已經得到解脫的阿羅漢，其實只是在涅槃中暫時休息，終究還是會回來世間。從這個角度來看，就沒有永遠的阿羅漢，因為所有進入涅槃的阿羅漢都會回來，並奉行菩薩道。

初階的菩薩有很強烈的自我中心，但他們已學到要進步、成佛，就得幫助眾生，否則就是自私，自我中心永遠不會消除。因此，〈四弘誓願〉的第一願就是「眾生無邊誓願度」，透過這種過程，自我中心會慢慢降低。

在初地和八地之間的菩薩，也有斷除了自我執著的。然而對他們來說，目標依然是幫助別人。另一方面，小乘修行者的目標在於斷除煩惱，因此他們會比菩薩更快達到目標。

最後，到達八地或以上的菩薩，稱為「無功用行」的境界。到了這個階段，菩薩已經很自動地幫助有情眾生，就像騎腳踏車下坡一樣，不需花費氣力。我們也可以用另外一個比喻，動者恆動，除非遇到障礙才會停止。在八地之前，菩薩已經聚集了力量、動能和方向，所以到達八地時，雖然不再作意要幫助眾生，卻會繼續這麼做。只要眾生存在，菩薩就會繼續幫助他們。

問 **您說到了某個階段，阿羅漢和菩薩就不再有自我的執著，但依然有煩惱。怎麼可能沒有自我卻有煩惱呢？到那個階段有什麼好煩惱的呢？**

師 這裡有個比喻，自我就像大樹的根，已經沒有自我觀的人就像已經斷了根的樹，根已經不在了，但樹很大，還存在許多生命力，可能還會活一段時間，一部分可能還會成長、開花，但這棵樹的時日有限。在樹根斷了之後依然繼續的活動，就像自我感消失後依然殘留的煩惱。

佛教與死亡

問 佛教如何闡釋死亡？從死亡到來生之間會發生什麼事？有什麼東西能從此生帶到來生？面對死亡該如何修行？

師 對大多數人來說，死亡是很恐怖的事，但也是人人必須面對、無法避免的事。然而，眾生和開悟者對死亡的看法不同；而且，傳統佛教和禪宗對死亡的看法也不同。

傳統佛教所談論的死亡，有兩種不同的類型，一種是眾生，一種是聖者。首先是凡夫眾生的死亡，這是由眾生行為累積的業力，來決定未來的轉世。如果惡業很強，就會投生於鬼道、畜生道或地獄道；如果善業很強，就會投生於天道；如果善業與惡業相當，就會投生於人道。

從死亡到來生的階段，在藏傳佛教中稱為巴度

(bardo)，禪宗稱為中陰身。人死後不一定進入中陰身，如果善業很強，會直升天道；如果惡業很強，會直墮地獄道；如果善惡業相當，就會經過中陰身的階段。中陰身會重生在哪裡或如何重生，沒有人知道。父母創造新生命，有許多不同的方式。中陰身根據因緣，可能出生於畜生道、人道或某些天道。

因此，在世的人藉由做佛事（誦經、布施），把功德迴向給死者，可以減輕中陰身的惡業，協助死者。比方說，本來中陰身註定要投生到較低的道，做佛事之後可能轉而投生於人道。如果原先會出生在惡劣的環境，迴向之後可能幫助他投生到比較好的環境。中陰身本身無能為力，無法修行，也無法造新業，只能從活人所做的善業得到功德。

根據中國佛教，中陰身頂多維持四十九天；根據《西藏度亡經》，時間可以更長。這段時間長短不一，根據不同生靈、不同因緣而定；因緣成熟時，就會再生。根據中國佛教，如果四十九天後中陰身沒有轉世，就會立刻變成餓鬼或神祇。

如果沒有轉世的生靈業力薄弱，行動就有限，只會在某些時刻、某些地點出現，這就是餓鬼；如果業力比較強，活動的範圍就更大、時間就更長，便是神祇。然而，沒有任何東西是永恆的，最終都會重生到其他道。鬼神無法修行，就像在中陰身階段的生靈一樣，只能接收活人透過佛事所給的功德。

第二類的死亡涉及聖賢。所謂「聖者」是指已經擺脫輪迴的人；而「賢者」是指比一般人修行更深，但尚未解脫的人，例如有些祖師便是賢者。根據小乘佛教，聖者至少達到了阿羅漢四果中的初果。到達初果之後，不超過七次轉世，便能永遠解脫，證得阿羅漢果。對這種阿羅漢來說，死亡之後的階段稱為無餘涅槃，也就是沒有殘餘的業，因而進入涅槃。

根據大乘佛教，初地以上的稱為菩薩聖者。對菩薩而言，沒有生死這回事。菩薩由於神通廣大，可以同時在不同的地方或以不同的形式示現。

禪宗接受佛經的說法，但不仰賴它。禪宗強調修行者必須了知沒有生死、善惡、內外、過去與未來。禪宗要打破這種對立的想法，採取無分別的態度。只有具備這種態度，才能泰然自若面對死亡，不怕死、不貪生。

問 如果終生修行卻沒有開悟，是不是浪費時間？還是有哪些東西可以帶到來生？

師 如果具有剛才我所描述的態度，精進修行，此生開不開悟並沒有關係。但我知道，這個回答是不會讓你滿意的。最好的回答就是：認真的修行者應該避免造惡業，這會幫助他們得到好的來生，能繼續修行。如果他們做錯事，應該立即知道、懺悔，這能減輕業果。

已經能掌握對死亡的恐懼的禪修者，不在乎會不會經過中陰身的階段，也不在乎會再生哪一道。如果因緣有利於修行，來生就會修行。

至於什麼會由此生帶到來生，顯然不是肉體，但佛教主張並沒有真正或永恆的自我。決定來生以及帶到來生的就是業，業又分為兩種：有漏之業與無漏之業。

有漏之業，不管是善業、惡業或不善不惡之業，都是由執著於虛幻自我的眾生所造的，受到貪、瞋、癡三毒的掌控。其實，虛幻的自我就是業力。因此我們可以說，業力由此生帶到來生；或者說，對虛幻自我的執著由此生帶到來生。不管是哪一種說法，眾生都會生生不斷地體驗業果。業種儲存於第八識，也就是阿賴耶識或藏識。死後業種會繼續成熟，最有力的業種會決定再生於何處、如何再生。而這個靈體，會被父母像磁鐵一樣吸引。

無漏之業是由不執著於自我的開悟的聖賢所

造。由於不執著於自我，所以這種業的結果是無漏的，超脫輪迴，不存在於第八識中。

能從此生帶到來生的只有智慧力，這種人只是順應眾生的需要而再生於人間，也就是所謂的「乘願再來」。

問 臨終時，應該維持何種心態？如果可能的話，是否應該打坐、誦經，或念觀音聖號？既然禪修者應該了知沒有生死，但沒有達到這種境界的人該維持何種心態？

師 許多這類問題之所以產生，是因為人們聽取了不同佛教傳統的說法，因此會去詢問許多有關死亡的問題。我先前的說法依然成立。禪修者不應讓死亡的問題盤據心中，不一定要開悟後才不怕死，在死前也沒有什麼特別需要準備的。重要的是，活著的時候要有規律地修行。

如果臨命終時要為自己做一些事，打坐、念觀音聖號會有用，但效果不大。重要的影響仍來自活著時的修行、所發的願，以及發願時真誠的態度。如果怕死或關切死後往何處去，而認為該做些事以利於死後，那就不是真正的禪的精神。禪的方式就是不論自己的成就如何，應對生死培養出無畏的態度，這種態度的養成只有來自認真修行。

人們經常問，禪修者在不同情況下應該保持何種態度？因為禪似乎與佛教的其他傳統不同。我一向都這麼強調：禪，除了一個例外，與基本的佛教觀念並無不同。這個例外就是：傳統的佛教方式談的是不同層次的經驗和漸進的過程；而禪的方式是直接的，總是強調修行。除了這一點，禪修者的態度和信仰完全符合傳統的佛法。

從宋朝開始，禪宗已經吸收了其他佛教傳統的一些觀念，尤其是淨土宗。人們那時開始關切有關死亡的問題：「如果終生修行，臨死前卻未開悟，會怎麼樣？」心中盤據著這個問題的人也許該修淨土宗，因為死時阿彌陀佛會接引他們到西方極樂世界。但這種態度不是真正的禪的精神，因為它是有所求的。

問 **為死者祈禱或誦經是否重要？《盂蘭盆經》中所描述的中國修行方式如何？**

師 在親友去世後，其實並不需要做任何事。佛事是有用的，但作用不是那麼大。其次，只有在死後靠他人幫忙，不管是親戚、佛或菩薩幫忙，都與佛法不相應，重要的是死者個人的業力和願力。

中國對死者所做的佛事，其實並不是禪修的

方式，只是方便法門。死者在生前可能沒有太多修行，所以親友做佛事、布施，希望把功德迴向給他的生靈，但這樣有用嗎？當然有用。但對誰有用？許多人需要這些觀念，因為他們在面對死亡時覺得無助、悲慟、懊悔，所以相信某種儀式對死者有用，會讓他們自己好過一些。

　　這種信仰不限於禪宗。有一次我問一位印度教的修行者：「印度教徒相信做法事可以把死者的靈魂送到較好的地方嗎？」他回答：「通常我們相信這種事情，但它與業的原則其實不相應。」我又問「如果你的父母去世，你會不會為他們做法事？」他回答：「那當然，我寧可相信這是有用的。」

問 似乎做佛事與其說是為了死者，不如說是為了生者？

師 就某個程度而言，這種說法是對的，但我們不能說這種佛事完全沒有用，那種心力的確能幫助死者。先前說過，如果做佛事的人誠心誠意，而且修行很好，也許能使死者的投胎轉世到更好的境界。此外，人們誦經或讀經時，鬼神和其他生靈會聚集來聽，從中獲益。如果他們獲益，死者也能間接獲益。這就好比一個人在監獄中，家人以他的名義做善事，那個人雖然不會獲釋，但可能因而得到較好的待遇。

問 謝謝師父，您總是從禪的絕對自力的角度來回答問題。禪很純淨，與神通不相干。但我們同時也是知性的生靈，如果把慈悲和善意的心意和力量用於某人或某事，不但不會傷害人，反而是助人，造善業。

師 是的，你說的對。佛教徒，包括禪宗的佛教徒，應該為已逝的親友做佛事。我為父母誦經，而且是認真、誠意地做。

問 假設禪修者歷經了「瀕死經驗」，比方說「經過一個隧道」或「走向一道光」，或者任何神識離開身體的經驗，修行者在這種情況該怎麼辦？他應該被諸佛、菩薩或已逝親戚的形相所吸引，或不予理會？

師 有瀕死經驗的人，不該依賴當時所體驗的事，也不該把所有的信心放在那上面。首先，「起死回生」的人其實沒有真正地死。他身體的一些作用可能暫時停止，但腦並沒有死。如果腦死了，就不可能起死回生。

只要大腦還活著，人就依然保有記憶。也許他的確與其他靈體產生互動，遇到死去的親戚，神識到達另一個領域，但也有可能只是鮮明的幻相而已。那種經驗可以極為有力，但誰又能確切地說明這些經驗究竟是什麼？因此，禪宗認為這些經驗是不可靠的，修行者不該太在意它們。

另一方面，做為宗教經驗，這些是有用的、有力的，而不該否定。即使在健康時認真打坐，也可能覺得自己到過極為美好的地方——天堂或淨土，你可能肯定那個經驗是真的，但這些只是個人的宗教經驗。然而，禪宗主張這些是不可靠的，禪修者不該把太多信心放在那上面，或放在他們對這些經驗的詮釋上。

問 您所說的宗教經驗是什麼意思？

師 宗教經驗可以涵蓋許多不同的體驗：深刻的頓悟，具有啟示的經驗，感覺與他人、世界或宇宙合而為一等等。這些體驗對於當事人很重要，可以幫助他們建立信心。由於宗教經驗通常是自發的，不一定是修行的結果，這使得它更具有力量。這種經驗能改變一個人的人生，至少能幫助人更為安定、平和，因此是好的經驗。雖然如此，禪卻認為它們像其他事情一樣，都是虛幻的。禪宗強調明心見性，拋棄虛幻。

問 您剛才提到這些經驗「不可靠」，能否稍加說明？

師 個人的任何經驗，不論多麼生動，都可能不是真實的。在瀕死經驗、甚至夢中所遇到的死去的親人，可能真的是死去的親人，但也可能是鬼神或自己的想像，你又怎麼能確定呢？有一件事倒是可以肯定的：類似的經驗力量很大，而且屬於宗教經驗的範疇。但如果太相信這些經驗，可能會把所有的時間都花在等待這種經驗再次發生。是的，這種現象可能就像是你體驗到的，但也可能來自你自己的意識。

人死後，前五識停止作用，失去感受、思維，但第六識依然存在並發揮作用。第六識可能體驗到擺脫肉體的負擔和痛苦，覺得很喜樂，而從意識中可能產生美麗的景象、聲音、氣味。另一方面，第六識可能執著於身體所體驗到的痛苦，而從意識中可能產生某些可怕或夢魘般的事。這些經驗是真？是幻？我剛才的解釋，把這些現象描述成第六識的產物。我並不是說這能解釋所有的瀕死經驗，但卻是一種可能的解釋。存在著眾多不同的解釋，這個事實本身就使得這些經驗不可靠。

問 有時禪的教誨似乎有些矛盾，因為它一方面很實際，主張不該依賴任何東西；但馬上又談論鬼神、天堂、地獄。在這當中，菩薩是最難令人相信的。如果他們能同時在無數的地方，以無數的形式示現，那得要有很大的想像力才能接受這種說法。然而，禪又說一切都是虛幻，這之間是有矛盾的。

師 你所說的一切都能成立。其實，人不需有起死回生的經驗，也能體驗到超自然的事物。即使在打坐時，也能體驗到日常情況之外的東西。比方說，精進打坐時，可能心中會看到一幅漂亮的圖畫，你進入圖畫中，體驗這個新世界。這是不是真正發生呢？這是不是你的想像呢？你所想像的，與你清醒、有意識時用感官所體驗到的，哪一樣更真實？

經驗可以是客觀上真實的，但必須透過第六識的過濾，因此是主觀的，並不完全可靠。的確，第六識本身是不可靠的。佛教不否認鬼神、天堂、地獄、菩薩的存在，然而只要是透過第六識所覺受和詮釋的世界，所體驗到的一切都是虛幻的，當下也是虛幻的。如果要清楚、直接地體驗世界，那就修禪。

末法時代

問「末法時代」是什麼意思？是否意謂著世界每況愈下？有沒有什麼地方是根本沒有佛的？如果菩薩會乘願再來幫助眾生，又怎麼可能有末法時代？是否有人無法開悟成佛？

師 每一件事，包括我們的世界，都會經歷成、住、壞、空的過程，所有存在的事物終歸會消失。進一步說，我們必須承認，在許多方面這個世界不像從前那麼好。的確，今天人們壽命更長，科技也更發達，但今人似乎比古人有更多的煩惱，而且環境顯然也很糟。

眾生隨著個人的業力而出生於不同的世界，有善業的眾生出生於比較好的世界。我們過去的世界比較好，所以出生在以前的人，他們的業比較好。同樣地，佛陀周圍的人也有善業。但隨著時間的進展，這個世界變得愈來愈不健康，因此具有善業或深入佛法的人也比較少，今天很難修行佛法成為聖者。

末法時代的觀念在古代的《阿含經》都找得到。它的意思是，人們總覺得佛法無法長存於這個世間。他們知道，佛陀進入涅槃後，隨著時代的發展，熱心於佛法、全心全意投入修行的人會愈來愈少。今天，修得高深境界的人似乎很少。過去，許多人有可能以全部的生命和力量投入修行，離開社會，在寺院裡修行。今天很難找到孤立的環境讓人修行，面對的誘惑也更多。

另一方面，有些人也許會說，只要有人精進修行，有很高深的成就，對那個人來說就是正法時代。這種說法是正確的，因為對那個人來說，這就是正法時代。

當然，宇宙中有數不盡的世界，其中許多沒有佛法和諸佛；甚至在釋迦牟尼佛的時代，全世界只有很少數人知道他，了解並修習佛法的人更少，對大多數人來說，既沒有佛，也沒有佛法；今天，全世界接受並修行佛法的人仍然很少。因此，並不是每個人的業都與佛法有關聯。

菩薩可能在任何地方示現來幫助眾生，他們現在可能就在這裡，但不具善根的人看不出來。進一步說，菩薩不限於地球和人道，也會出現在其他許許多多的世界。

問 **這些說法讓人覺得很混淆。似乎好的修行者應該隨著年代的進展而增加。早年佛法的弘揚，使愈來愈多的人體驗到高深的成就，這應該會增加後人接觸佛法的機會，今天應該有成千上萬的聖者，而且他們應該更能讓人認出。但事實上，這種力量好像無法維持下去，好像要結束似的。**

師 一些自認為是求法的人，並不就表示他們有足夠的善根會遇到菩薩，與之交往或互動；其次，先前說過，地球並不是唯一的世界，一度居住在這裡的人，不一定再投生到這裡，菩薩不一定只降臨到這個世界。如果菩薩示現在這個世界，看到眾生並沒有準備好要修習佛法，也許他們會為未來的世代播下一些種子，然後離去。

我不確定佛陀本人有沒有說過末法時代，但這個觀念肯定存在於所有的經論中。因此，這些編者和作者顯然注意到隨著時代的發展，人們對佛法的興趣會逐漸低落。其實，有末法觀念是好的，這會使我們警惕：除非我們認真投入，否則成就會很小，甚至毫無成就。而且，如果我們不精進修行，下次出生的環境裡可能根本沒有佛法。

問 **那麼「一闡提」（極難開悟成佛之人）呢？我以為佛教說一切眾生都能開悟成佛。**

師 「一闡提」指的是沒有種下任何佛法善根的人。如果他們還沒種下佛法的根，那麼隨著末法時代的發展，將來種下善根的機會就更不可能。另一方面，如果往無限的未來看，而且承認有無數的世界，那麼我認為任何事都有可能。既然所有的事情都會改變，那麼眾生也都有機會成佛。

《大般涅槃經》中說，一切眾生都能成佛。一些早期的經典則說，有些人不能開悟；有些人具有某些特性，以致不能修習佛法有成。即使經中說一切眾生都能成佛，但我相信那是佛陀出於慈悲的緣故，鼓勵一切眾生修習佛法。佛陀說話的對象包括了修行者，也包括了老師和僧伽，如果僧伽相信「一闡提」的說法，可能就會事先判斷人們值不值得傳授佛法。

問 **我先前以為根據佛法，一切事物彼此互動、相互關聯。如果此說屬實，那麼佛法總會在我們身邊，總會有成就的可能。**

師 你的說法來自《華嚴經》，但必須修行到高深的程度，才能體驗到那種真理。《華嚴經》中說，所有事物彼此相關、彼此牽連、彼此影響，但如果你只是凡夫，就不能體驗到那種境界。你的身體還是你的身體，不是我的身體；你的家還是你的家，不是別人的家。如果沒有開悟的人要把這個究竟的原則用在日常生活中，社會就會變得一團混亂。雖然所有的現象彼此交涉，但身為凡夫的我們並無法如是體驗。

問 **我認為，最好的態度就是發願要現在修行、盡力修行，而不管人們說現在是什麼時代。也許我該發願投生到佛法昌隆的地方，以便在未來繼續修行。**

師 禪宗說「不來不去」，因此投生到哪裡並不重要，重要的是此生此時，重要的是你在此刻的修行。不要擔心末法時代和其他世界，只管當下認真修行佛法。

第二篇

日常生活中的修行

老師的重要

問 在修習佛法時，老師有多重要？沒有老師指導而持守、修習佛法的戒律與原則，會不會有問題？

師 沒有良師的指導而認真修習佛法，是很困難的。僅僅由書本得到指導只是表面上看來足夠，而在某些情況下會是不安全的。書本上——包括我這本書在內——談的是抽象的原則，但書本本身無法傳達修行的精微奧妙之處；書本無法觀察修行者，也無法為特殊的情況提供指導。每個修行者都是獨一無二的，而且他的生理、心理、情緒、氣也一直在流轉變化。修行者以不同的方式來回應不同的情況，因此老師也必須以不同的方法來回應修行者的情況。

再者，回應與情況雖然在外人看來可能相似甚至相同，但每次都得當作獨一無二的事件。只有合格的老師才能看出、詮釋這類錯綜複雜、變化不斷的現象，並提供適當的指導。

如果醫師的全部經驗只來自書本，你會信任這種醫師嗎？每個病人都是不同的，情況和疾病也會變化。醫師不只依賴書本上的知識，也依賴自己行醫的直接經驗，以及從他人所學到的東西。醫師運用渾身解數來幫助病人，修行也是如此。

當你在修行時，無疑會遇到自己不熟悉的挑戰和境界，這些是來自身、口、意的反應。完全依賴書本來回答你的問題和你關心的事情，是愚蠢而且冒險的事。原因如下：第一，書本並不包含全部的答案；第二，書本裡的答案可能不適用於你的特殊情況；第三，你可能錯誤地詮釋書本上的指引。因此，認真的佛教徒，不管是修習密宗、禪宗或淨土宗，周遭要有合格的老師來教導、指引、鼓勵，是很重要的。相反地，偶爾修行的人雖然不需要隨著老師來研習和修行，但還是以有老師指導為佳。

問 **對於修持戒、定、慧的人來說，老師的角色如何？**

師 首先，所有的佛教徒都要受持五戒，做為行為的基本準則：不殺生、不偷盜、不邪淫、不妄語、不飲酒。對於只是好奇或隨興逛逛的修行者來說，戒律表面上看來直截了當而且簡單容易；但對於精進的修行者來說，戒律的原則和微妙是很複雜的，無疑會產生種種的問題。

因為許多初學者、一些老參和不熟悉佛教演變的文化環境的人，不明瞭戒律，所以很多人害怕受戒。他們可能把戒律誤解為嚴格的戒條，而不是當成行為的準繩。他們可能不確定要如何受持淨戒，是否破戒，以及破戒時要如何處理。良師，尤其擅長研習及受持戒律的良師，明瞭戒律的細節和微妙之處，而且有經驗。他們知道在不同情況下持戒和破戒的區別，比方說，兩個人可能表面上看來所說、所做的是相同的事，但一個人可能犯戒，而另一個卻可能沒有犯戒。

同樣地，大多數人未能清楚了解禪定。在許多情況下，修行者把輕安或澄明當成禪定、甚至開悟。這是因為他們沒有禪定與開悟的直接體驗，所知道的全是從書本上讀來的或自己想像的。必須要有合格的老師來印證這種體驗的真偽、種類和程度。合格的老師體驗過禪定與開悟，能從弟子對於日常活動的反應、言談、心緒，來斷定他們的心態。這種觀察使老師能評估弟子的修行和成就的層次。

這些年來，許多弟子來見我，相信自己已經體驗到禪定或開悟，其實幾乎所有的人都還沒得到禪定或開悟。由於我及時糾正他們的見解，引導他們走上正確的方向，才不至於演變成嚴重的情況。如果修行者陷入魔境，情況就危險了。魔境可以是任何東西，這裡我指的是幻想自己已經開悟，或擁有神通。如果強烈執著於這種幻境，就會成為修行路上的重大障礙。這種魔障可能來自於修行時的生理或心理反應，未必那麼簡單明瞭。表面上，陷入魔境的人可能看起來和其他修行者一樣，甚至可能連自己都不知道陷入魔境；但他們受到幻惑，可能自害害人。在最壞的情況下，他們真的相信自己是徹悟的人，而老師也不可能幫助他們回到正確的道路上。

問 要如何幫助這種人？

師 多半要看他們的業力。如果他們有善根，終究會認清自己並沒有開悟，也沒有神通。真正的智慧是不執著，而不是知識、觀點，也不是心思敏捷、自然反應。

八正道中所描述的「正見」的智慧，與真正的智慧不同。「正見」的智慧最好是描述成不屈不撓的智慧，也就是說，這種智慧能使人清楚、持續地維持在佛法原則所標示的正途上。真正的智慧來自直接體驗佛法所謂的「空」。因此尚未體驗開悟的人，必須依賴佛陀的智慧來教導及指引方向。聽聞佛法是修慧的第一步，佛教把聽聞佛法所得到的知識稱為「聞慧」；進一步的修行導致「思慧」；最後，如果精進修習佛法，可能得到「修慧」。真正的智慧是最後一類的修慧，只能從體驗空性而來。

問 請細分聞慧、思慧、修慧的不同。

師 聽聞並接受佛陀的基本教誨——四聖諦、十二因緣、八正道——這種人已經得到了聞慧。經由分析和沉思而吸收、接納了這些原則的人，開始修習思慧。起初，這種智慧來自分別與推理，然而終究會品嘗到來自直接沉思的這種智慧。對於剛開始修行的人來說，可能聽不懂我剛才所說的，但知性的思維和直接的沉思之間是有區別的，只有透過修行才能認識、了解其中的區別。最後，就是直接來自修行的智慧，其中最高的就是真正的智慧，也就是體驗空性。很明顯地，真正的智慧幾乎全來自修行，但必須了解這種成就建立在聞慧和思慧上。再者，所有這些層次需要老師的指導和經驗。人們可以從讀書開始，但如果要認真修行，老師的幫助是必要的。

問 要如何選擇老師？有沒有特定的準則來幫助人認定某人有沒有資格指導？

師 合格的老師應該展現正知正見，嚴守淨戒，有能力指引他人，散發出慈悲。具有這些條件的人，至少可以教導初學者。然而精進的修行者應該尋找具有「明眼」的老師，也就是體驗過真正智慧的人。只有體驗過開悟的老師，才能分辨他人是否體驗了空性；沒有這種經驗的老師，可能把澄明和禪定誤認為開悟。

沒有開悟經驗的老師，無法指導他人進行高深的修行。即使他們的禪定力很強，所教導的也只是他們所到達的層次，而他們的成就有如冷水泡石頭，或躲在黑山鬼窟裡打坐。老師如何指導他人體驗自己沒有體驗過的事情呢？即使修行者以某種方式體驗到開悟，這種老師也沒有個人直接的體驗來斷定這種成就。

問 人們為什麼要換老師？

師 如果發生這種情況，經常是因為老參對於自己的修行不滿意。也許是因為他們覺得自己卡在哪個地方或哪種方式，而不知道如何突破瓶頸。他們也許要參訪很多地方，尋求協助，以期解脫困境。在他們的參訪中，可能有某位老師幫助他們清除障礙或改變方向。這可能表示至少此時此刻那位老師有資格教他們。

問 **老參指的是已經體驗過開悟的人嗎？如果體驗過了開悟，他們還需要修行嗎？**

師 老參可能體驗過開悟，也可能沒有。是的，體驗過開悟的人依然要在合格的老師指導下繼續修行。體驗開悟並不表示已經克服或拋下煩惱。相反地，可能依然有很多煩惱，不知道如何前進。

老參也可能是沒有體驗過開悟的人，但虔心盼望在修行上進步。他們可能依然有很重的煩惱，產生障礙，但期盼處理這些煩惱以及隨之而來的焦慮。

焦慮也可能有其他來源。修行者也許焦慮於無法進步，比方說，無法參透公案，甚至無法定下心來參公案。有些人焦慮是因為參透了特定的公案，卻不知道接下來要做什麼。所有這些情況都是正常的，都是隨著修行而來的。真正要擔心的反倒是那些不在乎有沒有進步或覺得沒有問題的人，這種人更容易受到幻惑，而且更難處理。

也有些人體驗到禪定，或者可以一坐幾個小時，處於沒有煩惱的定境，但一從蒲團起身，煩惱和散心就回來了。其實，他們可能只是在打坐時安定。還有些人體驗過悟境，但沒有培養出禪定力，因此也受煩惱之苦。這種人不論年紀大小，都可視為老參，但依然需要跟隨良師修行、用功。

問 **身為老師，您如何判斷弟子的體驗和層次？您的準則為何？我們怎麼能確定您的觀察是正確的？**

師 問這種問題已經是錯誤的態度了。如果弟子尋找老師時存有這種態度，就永遠找不到老師。初學和老參都應該信任他們親近的老師，不該存有審視、觀望的態度。比方說，有些老師可能會做一些奇怪的事，目的只是在考驗弟子。弟子必須保持心胸的開放與真誠，才能從老師學到東西。另一方面，如果老師在男女關係、錢財或權勢方面重複出現錯誤的行為，弟子就該離開。

問 您的說法讓我摸不著頭緒：先是說弟子應該信任他們追隨的老師，不去詮釋他們可疑的行為，後來又說老師的行為不當時，學生應該知道。我們如何知道？如何認清錯誤的老師？

師 最重要的就是能夠判斷老師是否對於佛法有正確的看法。如果他們對於佛法的看法正確，即使行為有些缺失，也不該被認為是錯誤的老師。另一方面，如果老師對於佛法的看法不正確，就不能認為他們是可靠或有德行的老師。當然，這預設了下判斷的人對於正確的佛法已有一些了解。不了解佛法，修行者就無法分辨老師是真是假。

此外，有些基本的準則可以用來評斷老師。第一，考量他們的因緣，換句話說，他們的行為應該以空性為基礎，做任何事情都不該有執著。第二，考量他們的因果或業報，有德行的老師的言行舉止以空性（因緣）為準則，而這種因緣應該相應於他們的業報（因果）；也就是說，他們的行為應該受到責任感的引導，隨時明瞭自己行為的後果。因此，責任和不執著之間關係密切。所以，有德行的老師特徵如下：具足佛法的正知正見，言行舉止展現出不執著，具有清楚明瞭的責任感。

問 有關被誤導的師徒，我曾聽過「野狐禪」的說法，不知那是什麼意思？

師 「野狐禪」描述的是並未真正體驗到空性，卻宣稱自己已經沒有執著的人。意即誤假為真——未得謂得，未開悟而假裝開悟，未開悟但講起話來卻像是開悟者，提供錯誤的教誨。

「野狐」這個詞來自百丈禪師的軼事。有位神祕的和尚前來請問有關佛法的疑問，在清除疑竇之後，這位和尚請求百丈禪師為某地的一隻死狐狸舉行儀式。原來累世之前，這位和尚對於開悟和業力提出了錯誤的教誨，以致一直轉世為野狐。全賴百丈禪師糾正了他的謬見，才使他擺脫了連續轉世為狐的命運。

口若懸河的人經常能侃侃而談空性的體驗，假裝已經開悟。有關師徒對談的公案，這類著作已經汗牛充棟；有些弟子在言談中夾雜來自這些軼事的觀念，卻沒有真正的體驗來支持他們的說法。不幸的是，一般人甚至有些老師通常都難以判斷。但當他們和真正開悟的人交談時，真相便會浮現。沒有真正體驗的人，即使反應再靈敏，終究還是會洩露出自己欠缺經驗、不真誠。

問 「上師崇拜」是什麼意思？禪宗有沒有這種觀念？

師 「上師崇拜」指的是弟子把老師當成開悟的具體表徵，把修行致力於崇拜、尊敬這些老師，類似把佛、法、僧三者合併到一人身上。這種方式不存在於禪宗的傳統，而存在於西藏密宗的傳統。藏傳佛教只能直接師徒相傳，換句話說，沒有老師就沒有傳承。

在禪宗的傳統中，老師的角色是幫助及肯定修行者的修行，老師並不傳法，而是決定修行者是否已經體驗佛性。禪師只能指引你去體驗和開發自己的智慧，並印證你的經驗，師生之間的關係更像朋友，而不像上師與弟子。中國人說，師生之間的關係是「三分師徒，七分道友」。

問 但在我看來，禪師的行為經常和上師相似。

師 在中國的傳統中並不是如此。釋迦牟尼佛自己說：「我不領眾」，釋迦牟尼佛教人使用佛法，卻總是把自己視為僧團的一份子。

問 如何區別老師與佛法的教誨？

師 佛法由抽象的原則所組成，而這些原則最好是從老師學習。再者，如果你盼望尊敬佛法，就得尊敬老師，因為人們是透過老師學習正確的佛法。因此，要真正深切地修行，就得有合格的老師。你也許會說佛法是你的老師，但佛法還是要靠老師來傳授。老師引導、指點你，是修行中極重要的一部分。如果你必須區別佛法與老師，那就把老師的教誨當作佛法，把老師的行為當作他自己的事。

問 **如果老師不斷犯戒或行為不端，弟子該留在他們身邊嗎？**

師 那要看弟子而定，是不是還有其他要學的？你有沒有受到傷害？如果你受到傷害卻依然留下來，就會產生心理問題。那為什麼要留下來？如果沒受到傷害，而且仍然可以學習，那就考慮留下來。

問 **可不可以尋找、跟隨一位以上的老師學習？**

師 在佛教史上，有許多例子是弟子因為老師不能幫助他們進步，不滿意而離開。也有些例子是老師要弟子離開，告訴他們因緣不具足，應當另尋老師。有時弟子覺得無法再從老師那裡學到任何東西，但與僧團裡的其他人談過之後，他們因為了解並繼續追隨這一位老師。也有時弟子離開老師，參訪其他地方，試過其他老師之後，回到原來的老師身邊，並能再度從他們學習。

然而，同時有許多位老師通常會導致混淆。如果一位老師教戒律，一位老師教經論，一位老師教打坐，這種情形是可以接受的。但同時跟隨幾位老師修習禪定和智慧，很可能會產生問題。

問 **老師如何繼續修行？如果成為老師之後依然有問題，或沒有體驗開悟，那該怎麼辦？**

師 我只能談我自己的經驗。我成為老師來自個人特殊的因緣。我沒有想要當老師。那是因為有人知道我的背景，知道我有資格當老師，而請我指導修行。當時我並沒有想要教人，更別說要指導人禪修了。但我一直在教人，而且教學相長，水漲船高。有好弟子來，我就會變得更好。透過教學的過程，我發現自己需要改進的地方，並努力改進。這並不是說學生比我好，而是每一個弟子都是獨特的，因此我學到以適當的方式來面對每一個弟子。這回過頭來也幫助我自己的修行。其實，這種過程持續到今天。我持續不斷地教，我的指導方法就變得更清晰、更仔細、更多樣。現在，如果學生有問題，我幾乎立刻就知道問題所在，立刻就知道如何處理。我得到的經驗愈多，自己的修行就愈紮實穩固。

問 **能不能多談談您發展出的這些技巧？我覺得有些老師沒有引導學生的經驗，有些老師則沒有資格。有沒有方法來培養這些技巧？**

師 很難說。這不像是在學校可以學到的清楚描述的技巧，必須具備觀察別人的心靈、行為和反應的能力，然後採取對應的行為。老師必須培養了解別人的敏感、清楚表達和指導的能力，這不一定和老師自己的開悟經驗相應，有些阿羅漢雖然自己證得果位，卻不會教人。

老師應不應該繼續修行，這個問題根本不值得一辯。不論是不是只是修行者，或者是老師、禪師，甚或已經開悟的人，修行應該是一輩子的事。依然有公案要參，依然要默照，依然要禮敬三寶，依然要打坐。時時刻刻都是修行的時機。釋迦牟尼佛甚至在成佛之後依然繼續修行。

問 **為什麼？禪宗不是說開悟之後可以放下一切，無事可做？**

師 如果你說的是徹悟，那麼只是字面上正確，但結論錯誤。基本上在徹悟之後，心裡沒有「一定」要做什麼事，但依然有事要做，依然與環境、他人互動，依然修行。然而，就像我所說的，不是說開了悟就擺脫煩惱。相反地，開悟的人更清楚知道依然存在的煩惱，因此必須繼續修行，培養禪定力，一悟再悟，開發慈悲心。修行是永不終止的。

問 開悟者的心靈狀態如何？

師 這個問題很複雜，要看開悟的程度如何；而且，體驗開悟和真正開悟有很大的區別。開悟的經驗是內在深刻的靈光乍現，來而復去，只留下那個經驗的記憶和力量。再者，開悟的經驗可深可淺。淺悟的人可能清楚自己的煩惱，但依然無法時時控制煩惱。深悟的人知道煩惱何時生起、從何生起，因此可以使它不出現。同時具有開悟經驗和禪定力時，這種覺照力就會增長。

具有深悟經驗和深禪定力的人不受煩惱之苦，因為即使煩惱現前，他們也不會動搖，那也就是為什麼開悟經驗和禪定力如此重要。當煩惱出現時，可以用禪定力不受它掌控；如果只有開悟經驗而沒有禪定力，依然會受煩惱之苦。

只有開悟經驗而沒有禪定力是不紮實的，而禪定也不一定導致開悟。另一方面，具備禪定力的人，很可能會體驗到較深程度的開悟。相反地，體驗到開悟的人，很可能會進入與空性相應的禪定程度，在這種禪定中沒有自我中心。

問 我們該如何來理解「傳法」？

師 其實，法不可傳。所謂「傳法」只是認可。傳法和傳繼承人是兩回事。傳法是認可一個修行者的心符合空性，那是老師對弟子的印證。其實，無法可傳，一代一代的傳承主要是執事的頭銜。

菩提達摩從印度到中國時，並不是帶著佛法來的。法是無處不在、無時不在的。得法之人只是體現了自己的真心。老師只能給人印可，也就是承認法脈的延續，但那不是傳遞智慧。一代可以印可下一代，但其實無物可傳。

問 如果方丈也是合格的禪師，不是必須把方丈之位傳給體驗真性的人嗎？如果沒有這樣的弟子呢？

師 方丈不必有開悟的經驗。如果下一代沒有人具備開悟的經驗，依然要指定方丈之職，因為畢竟得有人照顧寺廟，每個寺廟依然要傳方丈之位。那時禪師得尋找別人做為合格的老師，因為方丈未必有那種能力。

問 **在佛教傳法中，沒有得到印可卻自認開悟而指導別人，有沒有這種情形？**

師 這種人也許自行其是，但在禪宗的紀錄中不承認這種人。

問 **禪宗的傳統沒有中斷嗎？**

師 禪宗的傳統沒有中斷，但在禪宗史上有些人堅持自己是合格的老師，而開啟新的傳承。

單獨修行・集體修行・隨師修行

問 單獨修行、集體修行及隨師修行，各有什麼利弊得失？

師 我們可以在不同環境下修行：個人修行、集體修行、短期修行、長期修行、每日修行、定期密集修行。個人修行可以是放鬆的、定期密集的、短期的或長期的；集體修行也一樣。我們也可以從在家人和出家人的不同角度，來看這些修行方式。底下針對所有不同的情況加以說明。

在所有的情況下，不管是單獨或集體，在家人或出家人，最好是在合格的老師指導下修行。沒有老師的指導，修行很可能效果不大。原因之一是，隨師修行可以節省時間，因為老師的了解與經驗可以幫助你牢牢掌握修行的精要，培養對佛法的正知正見。這可使你更快擺脫身心的煩惱。跟隨老師可以把花在研究經典和擔心誤入歧途的時間節省下來，專心一意修行。

然而有些利根和根基深厚的人，也就是累世以來修行良好的人，不管有沒有老師的指導都能進步很快。他們能了解佛法，不致誤入歧途。比方說，釋迦牟尼佛在徹悟之前跟隨許多老師學習，但不滿意於他們的教導，而獨自修行六年，直到放下一切之後方才開悟。因此，釋迦牟尼佛雖然有老師，卻是自我開悟。六祖惠能（公元六三八至七一三年）也是無師而開悟。他的狀況是，只聽到《金剛經》中的一句就夠了。後來五祖（公元六〇二至六七五年）印證了他的開悟，但基本上《金剛經》是惠能的老師。

顯然，這種人是鳳毛麟角。除非修行者自認和佛陀、六祖相當，否則我建議他們尋求良師的指導。如果修行者有心理上的障礙或修行上的困難，老師可以幫忙解決問題。再者，如果修行者有某種修行體驗，老師可以斷定那種體驗是真是假。如果單獨一人，修行者可能會自我欺騙，把虛幻的經驗當成開悟，那會不利於修行。

身為修行者應該有特定的方法，也應該了解修行的目標。應該每天排出一段時間來修行，除了每天打坐之外，偶爾應該投入更長的時段專事修行：

每週一天或每月一整個週末，並且每年一次或更多次的禪七。

如果很認真精進的修行者想要單獨閉關一個月，一年甚至數年，必須先符合一些標準。首先，必須對於佛法和修行要有正確的掌握。其次，身心健康的程度應足以忍受長期單獨修行的嚴苛。第三，對於修行方法的運用應該很純熟，換句話說，應該能夠處理修行過程中所發生的身心現象，並且隨著修行的進展，能修正、改進自己對於佛法的了解。

在大多數情況下，強烈的體驗都是虛幻的，最好的態度就是不理會所有生起的不尋常現象、感受、念頭和感覺，保持超然、無求、冷靜的態度。記住，我所說的是在修行中生起的體驗，如果生病或受傷，就要處理，不要呆呆地不理會。

如果不符合我上面所說的標準，修行者可能會產生嚴重的身心障礙，而不知如何處理。因此，初學者不該嘗試閉關。其實，對大多數人我都不會推薦閉關，因為閉關極為嚴苛。大多數人最好是在團體中修行（以五個或五個以上的人為佳），不管有沒有老師。同樣地，有老師指導總是比較好，但沒有老師的集體修行勝過沒有老師的單獨修行，因為在團體中如果一個人有問題，其他人可以幫助。

問 但是，其他人怎麼知道他們所說或所做的是正確的？他們可能傷害那個有問題的人，而不是幫助他。

師 如果某人有問題，而你把它提出來，這已經是幫助了。當然，如果團體中至少有一個有經驗的人，那就更好了。

問 告訴修行者不理會他們的體驗，這是不是最好的方式？

師 不一定。如果他們體驗到的是典型的生理或心理感受，可以要他們不理會；但是如果他們的問題是有關方法或佛法，那麼比較有經驗的人就該試著回答。如果你不知道答案，就坦白說不知道。如果你認為自己知道答案，就回答問題，但比較明智的作法是說明這個答案只反映你體驗到的層次。再者，如果有人身體疲倦或心生挫折，頭痛或身體疼痛，你必須提供方法來幫助他處理問題；通常，最好的回答是告訴那個人放鬆或休息一會兒。

集體修行勝於單獨修行的另一個原因就是作息更規律。一個人修行容易懈怠，有時會忘了打坐，但在團體中你會覺得應該參加打坐，好好修行。看見別人修行，往往會激勵自己修行之心。

身為在家人應該努力參與集體修行。如果住在寺廟或禪修中心附近比較容易，因為環境和作息已經固定，你可以在早晚或週日、週末參加。如果不是住在寺廟或禪修中心附近，就得隨遇而安。雖然不容易找到有幾個人可以每天打坐的地方，但團體愈常固定聚會，愈有利於每個人的修行。團體也應試著安排每週一天或每月一個週末來進行更嚴格的修行，如果花更長的時間（四到七天）精進修行也很好。

問 沒有老師指導而閉關，有沒有某個安全的時間限制？

師 沒有老師指導而進行長期的密集修行並不好，可能會產生問題。參加沒有老師的幾天修行，已經算是認真了，這時不宜嚴格遵守密集禪七的規矩，最好能有更輕鬆的氣氛。

還有其他修行方式不像打坐這麼嚴苛，比方說誦經，這類修行方式可以在沒有老師的指導下進行。我在臺灣的寺院，有時在我離開時舉行佛七，唱誦佛號。

在我所描述的所有情況中，集體打坐比較容易，也比較好。個人閉關而要遵循固定的作息是困難的，任何的外務或煩惱都可能打斷修行。一個人要好好修行得有很強的意志力。

至於短期和長期修行，其結果和進步全看你體驗的程度、業力和因緣。長期修行不保證就會有更持久的體驗，正如短期修行未必就不會有體驗。只要你修行，那就是好的。把所有的精力放在眼前的打坐上。如果每次打坐都能維持這種態度，就會進步。

我一向強調日常修行的重要。固定的打坐時間固然重要，但並不是一離開蒲團，修行就結束，而是要在所有的情況下都維持正念。不管是做自己喜歡或不喜歡、有利或不利的事，試著不要把自己放在中心。擱下自我中心，培養慈悲心。自己所做的每件事都要有利於別人，這會逐漸減低自我中心。最重要的是，做任何事時，專心一意、清清楚楚、明明白白地去做，不要懈怠，讓自己的心散亂。這就是日常修行，這就是正念。對大多數人來說，這種生活方式是不可能的。為了以這種方式修行，必須每天打坐，並且定期參加更密集的禪修。

大多數的在家人因為責任義務的緣故，無法長期穩定、認真地修行。但如果單身而且工作有彈性，就可以投入一年或更久的長期修行。在大多數情況下，這種人住在寺院或禪修中心，那裡的環境有利於修行。許多在家人可以暫時採取這種方式：密集修行後，離開去工作一段時間，再回來修行。這種方式雖然有益，但不是真正的長期修行。最好的方式是住在寺院或禪修中心，連續修行幾年。

以上所說的都是針對在家的修行者。出家人的正確態度與在家人有根本上的不同，在發誓之後，理論上他們拋下了自我中心，把全副的時間和努力投注於修習佛法。出家人沒有家庭、事業或財產，也沒有世俗的責任義務。出家的真正意義就是拋下一切（才智、感情、自我、欲望、身心），除了宏大的誓願和佛法之外，其他一切都拋棄。

許多人說禪中心是屬於我聖嚴師父的。他們錯了！我在這裡生活、工作，但這不是我的地方，也不屬於住在這裡的出家眾。出家人一無所有，如果出家人心想「這是我的家」，就應該馬上記起出家的意義。真正的出家人除了修行之外一無所有，無憂無慮，沒有個人的目標。在外人看來，他們工作、言行舉止，似乎與在家人一樣，但對於僧侶來說，一切都是修行。在家人很難維持這種態度。

問 師父，我不同意這種說法。的確，出家人發誓，離開家庭，但那是儀式，純粹是知性的觀念。大多數的出家人和在家人一樣。我看在這裡生活、工作的出家人，他們和我一樣有責任，其實他們的責任和工作看起來比我還多。他們必須付帳單，處理法律事情，接待和照顧訪客，社交行程很忙碌。他們好像以一個家代替另一個家。

另一方面，身為在家的修行者，我為什麼不能擁有僧侶的態度？是的，我必須工作賺錢，但那是我賴以維生的方式。然而在我所做的一切事情，不管是工作或與家人相處，我都試著把它當作修行，試著在做每一件事時都維持正念，試著奉行戒律，實踐佛法。如果在家的修行者具有這種態度，又與僧侶有什麼不同？

師 不同之處在於出家人的責任僅僅是責任，如此而已。僧侶在做任何事時，都沒有感情的介入和執著。讓我換個方式來說，出家眾在做任何事時都不該有感情上的牽繫，而他們的生活環境有著種種規矩，時時提醒他們這一點。相反地，大多數的在家眾在感情上執著於家庭、工作、財產。然而，如果能以出家人的態度來修行，超越任何事情，那麼你說得不錯，這就與出家人沒什麼不同。唐朝的龐居士（公元？至八〇八年）是富有的在家人，修行成就卻很高，他能散盡家財，以編簍子維生，便是一個好例子。

僧侶應該能放下世俗的自我。但這並不是一蹴可及，不是立下誓願、剃去頭髮、換上僧服，立刻就能掌握這種態度；而是逐漸的、一輩子的過程。這種態度不是贏來或傳承來的，而必須是修來的。

每日打坐之道

問 如何進行每日的打坐修行？

師 這是一個重要的問題，雖然在一些修行人看來也許是顯而易見的，其實遭到許多人誤解。我經常在想，到底有多少人只是因為不知道如何進行，以致在日常修行中卡住了。正確認知日常修行是很重要的，因為這是我們最常做的事——自己一個人，離開禪中心，沒有老師的指導。

首先，要有適當的心態；其次，要知道如何正確使用方法；第三，在使用方法之前和使用方法時，要放鬆心情。這說起來容易，但許多人不知道如何放鬆：有些人太努力去放鬆，結果反而變得更緊張；其他人則過於放鬆，以致昏沉或散亂。這兩個極端都是錯誤的，那也就是為什麼修行的適當心態是如此地重要。

什麼是適當的心態？就是告訴自己，每天花在修行上的時間是最享受、最舒服、最愉快的時間。由於我們每天不是花那麼多的時間打坐，所以安排用來修行的時間是很寶貴的。如果有這種態度，打坐時就不會覺得緊緊張張或昏昏沉沉。

你是把打坐當成責任義務，還是覺得很享受？如果不享受打坐，就很難維持穩定、長期的修行。如果享受不能自然而然降臨到你身上，那麼就試著培養享受的態度。首先，在打坐前，提醒自己對即將要做的事要感覺很高興。例如當我還是學生的時候，每天早上吃完早餐，早餐和午餐相隔六個小時，因此十一點的時候我已經餓慘了。最後一節課是從十一點到十二點，下課鐘響時，我就很高興，因為午餐的時間到了，我的身心就溶入這種喜悅中。你們對於打坐也應該培養出這種態度。

打坐時，把它想成是無憂無慮的時刻，其他時刻則免不了要考慮到困難和責任。打坐是身心擺脫負擔的時刻，有機會放下其他一切事情，會是一種解脫。

要確定你的姿勢正確，然後忘掉身體。如果擔心身體，就不能放鬆。然後告訴你的心要自由自在，告訴自己不要用任何方式來限制你的心、想這想那的。放下，但卻不是以做白日夢的方式。在那一點上，觀察你的心，看它往哪裡去，但不要跟著去。如果跟著念頭而去，就是讓念頭控制了你。但如果跟著念頭去了，也不要對自己生氣。一旦覺察到自己跟隨散亂的念頭，這些念頭通常自己就會離去。

如果你跟著散亂的念頭而去，就是把自己的覺知限制在那個特定的思緒上。如果不跟隨散亂的念頭，心靈便是自由、開放的。告訴你的心，它要上哪兒就上哪兒，但你不會跟著去。這時身體就會放鬆，心就會自由，因為你沒有以任何方式來限制它。這是最享受的時刻，無事可做，身心自在。如果沒有念頭，那很好，就維持在那種狀態；如果念頭生起，就注意呼吸。如果呼吸細長平順，那表示很舒服，甚至不必繼續注意呼吸。如果心很清明，就只管打坐。然而，一旦開始知覺到自己的身體，就要確定自己的姿勢正確。我希望你們能做到，不要認為是因為欠了別人什麼，而不得不打坐。

問 我教人打坐時，告訴他們這是澄清心靈思緒的方法，但有人說不可能不去思考。他們說，人總是在思想，即使什麼都不想時也是如此。可不可能知道某件事情而不加以觀念化，不去思考

或推理，而只是單純地覺知？

師 你的學生是對的，因為很難去想像一個從來沒有體驗過的狀態，不打坐的人也很難體驗打坐的狀態，因而認為自己沒有在思想時，那也是在思想。打坐可以使人達到沒有起伏、沒有散亂、沒有混淆的情況。你達到平靜的境界，心是安詳的，沒有波浪起伏，那也就是「澄明」的意思。在那種情況下，依然會有念頭，但如果你維持住澄明，就不會著於念頭。

問 因為時程緊迫或其他障礙，而沒有足夠時間打坐，要如何修行？

師 在忙碌的一天中，嘗試找些零碎的時間打坐，使你的心放鬆、澄明。不一定非得坐在蒲團上，也不一定非得半個小時、一個小時。偶爾找三、五分鐘打坐，不管是在辦公桌前、車上、巴士或火車上，這隨時隨地都做得到。放鬆身心，呼吸，定心，讓自己的身心恢復。

如果忙得連五分鐘都排不出來，那就試著在工作、走路、談話時放鬆身心。把工作當成修行，用心於自己的所言所行。我就是這麼做的。我在臺灣時，從早到晚都沒有私人的時間。只要我想到，就試著放鬆身心。我試著不受不相干的事情煩擾，讓它們隨來隨去。那需要努力和時間，但不是太難。如果我做得到，你們也做得到。

問 通車上下班時，可以在火車上打坐嗎？在火車座位上很難維持正確的打坐姿勢。

師 我也教立禪和坐在椅子上的打坐法。坐著時，最好背部不要有任何依靠，如果實在沒辦法，就只能盡量。在火車、巴士和汽車上安坐是沒有問題的，但開車時不要打坐，而是練習正念，也就是安住在當下，把心放在動作上，開車時就專心開車。

問 有些人一打坐就睡著。他們平時可能生龍活虎，但只要開始打坐，就昏昏欲睡，十分鐘之後就在與睡魔搏鬥。疼痛至少還可以使人維持清醒，但昏沉則是悄悄而來，把人拖下去，防不勝防，會令人沮喪。這可不可以視為業障？有什麼對治的方法嗎？

師 如果談到業障的話，那範圍就太廣了，但我們可以用一些具體的方法來處理那些情況。你可以事先做些頭部和身體的運動，來放鬆自己的身體。打坐時，確定背部挺直，收下巴。只要不昏昏欲睡，背部稍彎是可以的。只要一覺得想睡，就挺直背部，做些深呼吸。如果深呼吸不見效，就配合肩膀緊鬆的動作；也可以睜大眼睛直視，直到眼睛充滿淚水為止。所有這些技巧都可以幫助去除昏沉。如果總是想睡覺，就坐個十分鐘，然後起身，做些運動，即使十分鐘的打坐也是有用的；運動之後，可以試著再坐。

問 **為什麼正午和午夜不宜打坐？如果那是唯一可以打坐的時間呢？有一位著名的禪坐老師說，正午和午夜是打坐的好時間，而要避免清晨和黃昏。一天之中的時間為什麼會有這些區別？這只是個人的偏好，還是有更重大的緣故？**

師 偶爾在正午和午夜打坐應該不是問題，但最好不要養成習慣。這位老師所說的，可能對他自己是成立的。我不知道這只是他個人的偏好，還是有其他的緣故。但正常情況下，午夜時分應該睡覺，或至少是疲倦、休息的時間，尤其如果已經工作了一整天的話。

避免在正午和午夜時打坐的說法來自中醫，不是我個人的意見。中醫主張日月星辰、磁場、宇宙都會影響我們的身體，有某些節奏會影響所有的人。如果定時在正午和午夜打坐，可能與星球運轉和自己身心的節奏失衡。如果只是偶爾為之，不會有任何問題。如果是有經驗的修行者，也不會有任何問題，就像你提到的那位老師那樣。

至於什麼時候打坐，如果你不願意坐，就不要勉強自己。如果勉強，就會逐漸厭惡打坐。如果坐了十分鐘，你知道的確不是打坐的時機——並不只是一些散亂的念頭這麼告訴你——就起身，做一些運動，然後試著再坐，不要勉強。一定要分配一些時間來打坐，而且告訴自己要享受打坐。如果這時感覺不好，就起身，做一些運動，覺得比較好的時候再試著去坐。一旦時間到了，便可結束。我通常告訴初學者，一次坐個二十五到三十分鐘。

問 **您先前所說的，只管打坐，讓念頭自己離去，這種說法聽起來更像是曹洞宗。你通常教的似乎是更有組織的方法，而這裡所說的像是我在《禪者的初心》（*Zen Mind, Beginner's Mind*）中所讀到的。**

師 《禪者的初心》教你只是把心放下，但初階的修行很難做到，因為需要類似數息的方法來集中你的心。有些人很難用上數息的方法，我就要他們「只管打坐」。在這種修行方法中，全部的焦點放在打坐時的身體，而不管其他事，因此稱為「只管打坐」。有些人這兩個方法都用不上，他們雜念太多，無法只管打坐，卻又控制或強迫呼吸，通常我都要這種人念佛或持咒，這兩個方法也能讓修行者的心穩定下來。

問 什麼樣的咒語才好呢？

師 任何東西都可以是咒語。有些咒語本身就有力量，尤其有很多人一起大聲重複誦念時，更是有力量。愈多人使用，咒語的力量就愈大。使用你個人的咒語，力量不會太大；但有些咒語，像是〈大悲咒〉，每一句都是菩薩的名號，是極為有力的。然而，禪宗不管個人的力量，因此任何咒語或用語都可以。做為禪修的方法，咒語應該簡單，目的只在於集中心念。

問 我們大多數人的生活忙碌，行程緊湊，剛開始打坐時極為散亂。您說我們應該告訴自己樂於即將要做的事，並且放鬆，但那可能很困難。你可以告訴自己安定下來，但那並不表示你就能安定下來。先以數息開始，安定下來之後再改為只管打坐，那樣是不是比較好？

師 可以那麼做，但依然應該用我剛剛說明的態度來打坐，把它想成是一段珍貴的快樂時光。這會幫助你的心更快安定下來，讓你在開始打坐之前就已經放鬆了。這種態度不會立刻成為習慣，必須培養。如果剛和人吵過架，很可能就無法靜下心來打坐。但如果能培養出我描述的那種態度，就會說：「只管打坐吧！」

問 **通常您告訴我們不要改變方法。先以數息開始，然後轉換到只管打坐，似乎顯得不一致。**

師 如果一直改變方法，就找不出哪個方法適合你，這樣就無法深入一個法門。最好是使用一個方法，如果你的心夠澄明，應該不難做到。當弟子到達更高深的層次時，我就教其他的方法。

至於你所說的那種情況，是在進入只管打坐之前，以數息來使自己的心安定下來，是用它來當墊腳石，那是可以的。我不鼓勵的是隨便或經常換方法。如果你開始數息，然後轉換到只管打坐，結果很好，就儘管去做，但不要換來換去，否則兩種方法都不得力。

問 **有時您說數息是最基本的方法，後來又介紹其他的方法。有時您說任何方法都可以帶人一路到「彼岸」。在我看來，似乎數息是我終得放**

棄的基本方法。

師 我可以用個比喻來說明，雖然這個比喻未必盡然恰當。數息是基礎，就像走路，幾乎每個人都會走路，但也有人騎腳踏車、開船、開車、開飛機。從一個地方到另一個地方有許多的方法，走路是其中之一；而且，雖然走路看起來是最慢的方式，其實未必，大家都知道龜兔賽跑的故事。走路雖然慢，卻穩健。

數息是個好方法。《阿含經》說，使用數息法可證得阿羅漢果，也就是徹悟。如果使用這個方法一段時間，然後改變方法，那是可以的。比方說，你可以換為練習只管打坐，或參公案、話頭，那就像是先走路，然後跳上火車。如果你只是走路，是能到達目的地；但如果改為坐車，也能到達目的地。最糟糕的是，任何一個方法都沒有下工夫，經常在換方法。

數息是基本的方法。使用這個方法能更清楚檢視自己是不是在用功。這是很好的方法，否則我就不會教它了。

問 喜歡坐多久就坐多久，喜歡起身就起身，這種說法使我困擾，因為沒有紀律可言。許多念頭在心中出現，如果每個念頭都要處理，就坐不久。坐個五分鐘，可能就覺得肚子餓；坐了十分鐘之後，可能就心想打坐沒有用。但坐個一段時間之後，可能轉念一想，認為自己坐得好。真的，打坐的整個目的就是看這些念頭來來去去、起起伏伏。如果不堅持坐下去的話，就無法體會這一點。如果起身，就無法知道這一點。堅持坐到底不是更好嗎？

師 不是說心中生起任何念頭就起身。我先前的說法指的是你在生理或心理上難過得受不了。在這種情況下，那種感覺很可能不會離去，硬坐下去只會使情況變得更糟，因此最好是起身。如果你覺得疲累或興奮，有時可以坐下去。但如果情況愈變愈糟，最好還是起身。重點在於不要使打坐變成負擔，使人厭惡打坐。

但如果你沒有決心，經常找藉口，那就不可以。比方說，如果你有事情必須明天完成，是有理由不打坐。但如果只是為了玩拼字遊戲而不打坐，理由就不充分了，那只是在騙自己。是不是好理由，自己心知肚明。因此要對自己誠實，自我規範。這全看你自己的。

我所描述的方式是日常修行，不是禪七。禪七時有固定的作息，該打坐時就打坐。禪七時的那種投入和紀律，在日常修行中並不常見。如果能把那種精進帶入日常生活當然很好。但我希望人們，尤其是初學者，覺得日常修行是舒服的，而不是困難的。如果使用這種方式，人們不會推拖或放棄，會嘗試，一試再試，漸漸就能穩定地修行了。此外，在日常的例行事情中，人們可能會緊張、混亂，如果他們要修行，很難立刻安定下來。這時候最好的方式是，先運動或慢步經行一段時間，之後會更放鬆，更容易打坐。

問 **您說我們應該把打坐想成是愉快、美妙的時光。我在理性上可以說打坐是一件美妙的事。我知道這一點，但有時感覺有些不同，很難讓感覺和想法一致。不只是打坐，許多事情也都是這樣。有時我覺得自己像是兩個不同的人。**

師 這種技巧是必須培養的。我用個比喻來說明。如果你學打網球，起初可能覺得挫折、沮喪，因為不是打不到球，就是打得不好。但練習之後，技巧就進步。堅持練習下去，到了某個時刻，就成為自然、享受的事，會熱切盼望打網球——因為打球而得到的健康，則是額外的收穫。

你必須把打坐的修行變成一種習慣。在下意識裡給自己暗示，告訴自己打坐是一種樂事，是美好的時光。要創造出這種態度、這種氣氛，即使你知道自己不可能總是有這種感覺。如果一做再做，就會訓練自己。告訴自己這種享受比其他的享受都好，這是一段珍貴的心靈時間。要自我訓練。開始的時候並不容易，可能辦不到，但要繼續試。這也是修行。

日常生活中的修行

問 如何把修行納入日常生活？打坐與修習慈悲有什麼關係？

師 日常修行分為兩種：固定的修行和日常活動的修行。固定的修行就是每天在特定時間打坐、拜佛、誦經或做早晚課，可以用任何方式來結合。這些修行應該遵守固定的時程。

固定的修行是很清楚的，但在工作、通車、娛樂、社交等時候要如何修行呢？其實是有可能在這些情況中修行的。通常人們一想到修行就是打坐或研習佛法，但禪宗強調，不管是在固定的修行或在日常例行的事情中，都應該利用每個時刻，所有的時間、情況、環境都是修行的時機。

《華嚴經．淨行品》說，所有的言行舉止、行住坐臥等，時時都要以眾生的福祉為念。這種心稱為菩提心，該品的宗旨便是教導菩提心。

修行菩薩道的人遵循〈四弘誓願〉，第一誓「眾生無邊誓願度」便是幫助眾生。如果能時時想到利樂有情眾生，慈悲自然會從思想及行為中生起。修行者的最大障礙就是貪、瞋、癡三毒，把自己的利害得失置於別人之前，三毒就會現前。

時時檢點自己的傲慢、幫助他人的修行者，知道只有透過眾生才可能有所成就。只有透過與他人的互動，才能培養出慈悲與智慧。當然，幫助別人背後的動機和用心也很重要。期盼他人的回報甚至感激，都只是為己，與菩提心不相應。身為修行者應該感謝眾生給我們無窮的機會來修行菩提心及培養功德。

若是沒有眾生，菩薩就不能成佛。因此修行菩薩道的人，應該盡量幫助需要幫助的人，並且感謝那些讓我們幫助的人。在任何情況下，都應該感激眾生，這種態度會使人減輕傲慢和愚癡。

三毒和憎恨很容易自我們心中生起。貪婪來自想要更多的東西。吝嗇是貪婪的產物：執著於自己擁有的東西。瞋怒來自有人或有東西阻礙我們得到心裡想要的。憎恨來自有人不像我們，或太像我們。愚癡來自我們自認高人一等。這些感情都來自自我中心。因此，修行之道就是單純地培養菩提心、幫助他人，而不陷溺於自私自利的煩惱。

比方說，感恩節前夕我請克里斯來禪中心，當天晚上和第二天幫忙編輯工作和處理一些文書作業，克理斯答應了，那很好。如果他是自我中心很強的人，可能就不會答應。但這種情況比表面上看來更複雜。克理斯在假日來禪中心工作，可能幫助了我，卻傷了他的家人，因此我向他和家人道歉，並且希望他的伴侶瑪利亞不要心裡不好受。克理斯說瑪利亞不會覺得不好受的。我說，也許因為她認為我是個老人家，需要各種幫忙。

瑪 **我沒有不好受，需要各種幫忙的是克里斯。**

師 在那種情況下，克里斯應該感激我們，因為我提供了他修行的好機會，而你讓他更容易修行。

我們所有的行為都該反省自己的用心是否有利於他人。同樣地，負面的感情在心中生起時，應該反省這些感情，看是否對他人有害。這樣可以在行動之前就檢點自己。如果把眾生放在自己之前，自私的感情就不會那麼經常、那麼容易生起。

我們大多數人很難時時想到利益有情眾生，這裡說的有情眾生主要是指人類，如果要包括六道眾生的話，豈不範圍更廣！比方說，夫妻中有一人辛勤工作了一整天，回到家裡時可能心情不好。另一人成天做家事，可能也心情不好，兩個心情不好的人往往會產生事端。但如果其中一人能留意到另一人今天過得不好，就會更留意、有耐心、容忍、體貼，問題可能就會少一些。修行的範例就是：少為自己著想，多為別人著想。這是慈悲的開始。

有一次禪七，三位女子共住一個房間。其中一位向我抱怨，她最討厭人家睡覺打呼了，而兩位室友都鼾聲如雷。我說：「也許你自己有時也打呼呢！」她說：「我？我寧死也不打呼。」如果她能接受自己也會打呼的說法，很可能就會更體諒那些打呼的人。

為了幫助她，我就說了一個故事：有一次我和兩位法師共住一個房間，兩位都打呼，其中一位鼾聲高亢，另一位鼾聲低沉，使我深受其擾。我真想把他們戳醒，但如果他們醒來可能就再也睡不著了。我就放棄了那個主意，轉而想像鼾聲低沉的是沼澤中鳴叫的青蛙，鼾聲高亢的是叢林裡吼叫的老虎：右邊是青蛙，左邊是老虎，右邊是青蛙，左邊是老虎，青蛙，老虎，青蛙，老虎……我終於睡著了。我記得從前的禪師只要聽風聲或流水聲就能入定。我想，如果風聲、水聲能使人入定，鼾聲也可以。也許我進入不了定境，但至少可以進入睡境。體諒他人和打坐一樣是修行的方式，不要只想到自己；如果想到自己時，至少要做正確的事。

問 怎麼知道什麼是正確的事？

師 依據佛法的教誨來決定與判斷。如果不確定某件事是對是錯，是好是壞，就試著決定它是否符合佛法的教誨和戒律。如果符合，就去做；如果不符合，就不要做。用佛法的教誨為準則。如果依然不確定，就請法師指點。此外，也用社會的法律、倫理、道德、習俗做為準則。如果你的用心符合社會的標準，很可能就不會偏離正道。另外，也可以運用常識來判斷。

要察覺自己遷流不已的心理和生理狀態，觀察它們如何影響身、口、意。通常如果身體不健康或受傷，心情就不好。心情不好，世界看起來就醜陋。這時好像所有的人和所有的東西都欠缺，很容易生起瞋怒和憎恨。不管怎樣，隨時隨地嘗試對所有的人生起感恩的心情。

貪婪的人通常不知道自己的貪婪，瞋怒、愚癡、傲慢的人也一樣。但修行者遲早會知道自己曾經貪婪、瞋怒、傲慢，那時就應該懺悔。如果每次都能如此，就會更常知道三毒和不道德的感情，它們自然就愈來愈少生起。

身為修行者應該懺悔，因為他們知道這些心態來自強烈的自我執著。當然，必須用自我中心去懺悔，但以後自我中心會愈來愈少，至少暫時會如此。如果情況允許，最好在佛像前懺悔。拜佛時要反省自己身、口、意的錯誤。察覺自己的錯處，承認自己的錯誤，發誓不再犯錯。同樣地，每當有好事發生或某人對你好，要有意去感恩。

在臺灣的農禪寺，我要許多弟子在日常生活中常說兩句話。凡是受到別人的幫助，應該說：「阿彌陀佛，謝謝你。」他們不是向阿彌陀佛致謝，而是向幫助他們的人。然而，因為他們修的是念佛法門，致謝會提醒他們修行，幫助自己在日常生活中培養正念和菩提心。

第二句「對不起」是在知道做錯事時所說的。「謝謝你」是感恩，「對不起」是懺悔。如果人們真能把這兩種態度放在心上，照著去做，煩惱就會減少。如果能以這種真心面對眾生，慈悲就會生起。

總之，要留心於利樂有情眾生，提醒自己不要自我中心，有錯則懺悔，對別人感恩。其實，以上所說的就是日常修行。如果能堅持這些觀念，把它們納入日常生活中，就是在日常修行。同時，繼續打坐也是重要的，以便更能察覺自己的心態。如果散漫、欠缺自我察覺力，就無法看到負面情緒的生起。以打坐做為基礎的訓練，就能更知覺自己的行動、心意、感情、情緒、思想。

問　要察覺自己的行為，該不該在心裡建立起一個客觀的觀察者，來檢視自己的心意、思想、話語、行動？

師　不要，那會使你緊張、疲憊。只要打坐就會逐漸培養出內在的安定，遇到任何情況都不會太興奮或太動情緒。如果心裡相當平和安詳，自然就會更知覺自己的思想，也知道該如何言行，不會失去控制。受到情緒或本能控制時，其實就是失去控制，沒考慮到後果就說話、動作。麻煩就是這樣造成的，自己和他人的煩惱就是這樣生起的。因此，言語、行動要試著保持平和、節制。這是逐漸而來的：來自有規律的打坐，來自日常修行中的用心留意，來自運用佛法來引導自己的行為。

另一方面，如果總是像老鷹或批評者那樣注視自己，會使自己發瘋或日子難過。如果有個觀察者一直在注視，就不能平順地進行。如果彈鋼琴的人一直注視自己彈琴，就不能自在地彈琴了。

問 我每天搭地鐵，都看到一個個乞丐、無家可歸的人和病人，他們經常向人討錢。在這種情況下，我應該抱持什麼態度？

師 這個問題很難回答，因為每個情況都不一樣，全看你是誰、能做什麼、能給多少。如果你很窮，沒有錢，所能做的就不多。也許你可以隨處幫助一些人：送食物給無家可歸的人，送衣服給衣衫襤褸的人。如果有錢、有勢或有影響力，可以做的就更多了，也許能幫助建立更好的社會和環境。但必須記住，不管你給的是哪一種的幫助，總是會有人不在意，有人不聽從，有人不改變，你只能盡力而為。

如果只是用金錢來幫助這些人，效果很小。我們的財力資源有限。此外，以金錢來幫助也不是根本之道。我們必須想出如何能改善環境，幫助他們改善陷自己於現況的業力。我們必須幫助他們了解因果的原則，以便讓他們更了解自己的處境，這樣就能以根本之道來幫助他們。佛教是由長遠的角度來看事情，關心的是根本的議題；我們身為修行者不能只著重短期的解決之道，必須穿透表相。要這麼做，就得思考如何來弘揚佛法。

問 這聽來不切實際。這些人大都已經聽不進改變自己生活的方式，已經太遲了。即使他們相信來生，我確信他們所想的其實是今天和明天，而不是未來的歲月。他們也不想要知道根本的問題所在。他們要的是食物、衣服、藥物和擋風遮雨的地方。這些人需要立即的幫助。你是說我們該變成在街上傳教的人，向過路的人傳播佛法？

師 不，不該傳教，那不是佛教的方式，只會為自己、為他人、為佛教帶來更多的問題。最好的方式就是修行佛法。如果身體力行，就不必傳教，而會從你身上自然流露出。那時如果你有心給予，就自然會給予，親近你的人就會受益。這是最高層次的幫助，不必去傳教。如果身體力行佛法，人們就會接近你。

問 另一方面呢？如果工作場所是個狗咬狗的世界，你又如何和其他人競爭呢？你的工作就是要在競爭中得勝。那不是使競爭者受苦嗎？但如果轉而幫助競爭者，就意味著你會失去工作或事業，在這種情況下該怎麼辦呢？

師 誠實的競爭未必是壞事。全看你的態度，是以何種方式來競爭。正確的態度是努力向前，同時希望競爭者也努力向前。這就像游泳比賽一樣，我游我的，你游你的，不是把別人打死再自己向前。我們鼓勵真正的競爭精神，這是健康的，鼓勵人們有更高層次的表現。

每個人都彼此激勵的環境是健康的。在任何競爭的領域中，總會有人領先，有人落後，總會有人落後太多而無法繼續。那麼，他們就不適合那個競爭領域，就得轉換到另一個領域。那不是你的錯，也不是你該在意的。在一個領域中失敗的人還是會活下去的，而且可能會在另一個領域中成功。

如果你是在一個狗咬狗或不講倫理的行業，就該考慮換工作。「正命」是八正道之一，謀生方式應該符合你的佛法觀。

問　一直要想到眾生的利益和福祉，似乎是很大的負擔，這種態度本身會不會成為煩惱？

師　對於了解佛法教誨的人，尤其了解因緣原則的人，這不會是負擔或煩惱。在嘗試幫助他人時，要記得眾生有自己的因緣、功德和業力，那些是你不能改變的，你不能承擔他人的業力。

比方說，兩個月前我們大約八十人前往印度，其中一位老婦人被水牛撞倒，跌斷了一條腿。儘管遇到這種困難，她還是一定要跟著團體繼續未竟的行程。她說：「就算要了我的命，我也要跟著走。」

我說：「如果你真要死，最好是死在臺灣。如果你跟著我們，整個團體都會受累。身為佛教徒，你應該了解業力。被水牛撞倒，可能意味著你上輩子欠了這隻水牛，也許欠了一條命；但因為你是來朝聖，所以只跌斷了一條腿。那是你的業力。如果你一定要繼續行程，就會成為全團的負擔，只是為自己造下更多的惡業。」她聽了之後，決定回臺灣。

重要的是「嘗試」。當然你不該做任何傷害別人的事，但應該嘗試以自己能力所及的任何方式來幫助人。至於是不是真正幫上了忙，則是另一回事，不必太在意。

問 **隨時都嘗試著要慈悲，可能成為心理負擔，尤其必須腦子裡時時提醒自己這麼做時。那會不會穿透我們的思想、言語和行為？我們能一直都想到別人嗎？即使上廁所也想到別人？那會變得很有壓力。有沒有其他的方式？**

師 你忘了我前面所說的。不要做會讓自己覺得緊張、疲憊或難受的事。如果時時鞭策自己，對於別人和自己都沒有好處，盡可能地用心留意。以打坐為支持的訓練，以佛法為指導的準則，慈悲自然會增長。盡力而為，但不要勉強。

問 **可不可能未開悟而像相機或鏡子般，以無分別心的方式來進行日常的行為、觀看世界？**

師 直覺心和無分別心不同。未開悟的人多多少少都能依賴他們的直覺——以直接的方式來知道、說話、做事，而不太依賴思考的過程。真正的無分別心則沒有煩惱，直覺心依然可能有煩惱。直覺心可以藉由打坐來培養、強化，那不是開悟，卻是一種好心態。

20

修行的見解
比修行本身更重要嗎？

問 我聽過一個有關禪宗的說法：「修行固然重要，但修行的見解更為重要。」這似乎和我所聽過有關禪的說法都矛盾。禪說要放下自我和主觀的觀點，認為個人擁有的任何觀點都是主觀的，都是對於真理的扭曲，反而形成另一種障礙。

再者，不管一個人修行的或相信的是什麼，經驗就是經驗，不是嗎？放下自我就是放下自我，還會在乎那個人是無神論者、佛教徒、基督教徒、印度教徒、猶太教徒、伊斯蘭教徒或其他教徒嗎？如果說只有佛教徒能有放下自我的經驗，這豈不是自認高人一等？

師 你提到的那個說法引申自「貴見地，不貴行履」。其實「見地」不該以「見解」一詞來取代，因為「見解」可以來自學問，而「見地」指的是直接來自自己經驗的東西。《法華經》說：開佛知見，示佛知見，悟佛知見，入佛知見。佛的知見就是空、無色、無執、無相。

因此，這句話應該這麼解釋：「知見比行為更重要」，而「知見」特指佛的知見。修行者如何與知見相關？首先就是體驗過開悟、進入佛的知見的人的情況。如何真正知道自己的知見就是佛的知見？這必須以佛的教誨，也就是佛經，來評量這種體驗。精進修行、研習經典、持守戒律，這些都屬於「行」的範圍。在這種情況下，個人所行的不像所知、所見的那麼重要。如果體驗到的不是真正的開悟，那麼就不能知佛所知、見佛所見。

如果有個合格的好老師，並不絕對需要藉著研讀經典來尋求適當的指引。老師應該能斷定體驗的真假深淺。如果不是開悟，老師就可以直接指出問題或不通之處——障礙或執著。

這種說法不是要人放棄修行，而是說修行固然重要，但佛的知見更為重要。沒有佛陀的經驗指引，人們就無法正確修習佛法，以致步上外道。因此，修行者在開悟之前，需要佛的知見引導；開悟之後，依然需要以佛陀的教誨來檢查自己的體驗，是否真正符合佛的知見。

如果能在知性上掌握佛的知見，即使沒有真正開悟，至少不太會誤入歧途，甚至可以指導其他人修行；這時雖然沒有能力印證他人是否開悟，至少能以正確的修行之道來幫助人。另一方面，如果老師沒有開悟，在觀念上也未能理解佛的知見，那麼他自己的修行就可能走上外道，也帶領他人走上外道。人們修行時，經常心有執著或期盼，以為有物可得，這會產生問題。

從這個角度來看，我會說沒有佛的知見的指導，其他宗教的修行者不管體驗多深，都無法體驗佛的悟境。這種人依然會有一個永恆的、無所不在的整體這種觀念，或執著於這種觀念。不管稱它為神或什麼都無關緊要，這並不是佛的知見。

其實，連體驗到整體都是極為困難的，但這也是進步的表徵。許多修行者，包括佛教徒在內，都淺嘗到這類的經驗。他們感受到輕安或祥和，也許相信自己擺脫了自我中心，卻依然有執著。這就是為什麼需要良師的指導。

這種體驗的確與初步的成就相應，但許多修行者卻誤解了這種體驗。比方說，小乘傳統中有四果位，初果須陀洹也就是「入流」，指的是初入開悟之流，但依然有執著，四果阿羅漢則解脫生死輪迴；在這之前還有四個基本階段：煖、頂、忍、世第一，只有在這四善根的階段之後才能進入小乘的果位。許多修行者，包括禪的修行者，認為自己已經開悟了，其實只是體驗到第一個暖位的階段。

問 可不可能在佛教之外修行而體驗到無我？

師 不可能。不管你選擇的是佛教之外的什麼途徑或修行，心中依然會有某些執著或期盼。

問 這種人可不可能以無所得心來修行？

師 可能。這種人可以稱為緣覺，沒有佛的教誨而開悟。但經典中說，只可能在沒有佛法的世界才有緣覺。

問 您曾說過淺悟與深悟。當您提到體驗時，指的完全是無我的體驗？

師 未必。如果我談的是禪的開悟，那麼就是無我的體驗。然而，我經常使用「開悟」這個字眼指許多靈修和非靈修傳統的體驗。來自許多不同傳統的人，經常有體驗到整體的經驗，這些可以視為開悟的體驗，但不是無我的體驗。

禪的經驗有深有淺，淺的經驗持續的時間較短，深的經驗持續的時間較長。而且，經驗較深的人能更清楚見到空性，對於空的感受較紮實，而經驗淺的人就不是那麼清楚或紮實。最深的開悟就是不僅見到空性，而且就處於空性中。

開悟經驗的不同階段，可比喻為品酒經驗的逐漸提昇。第一個階段是從來沒見過或嘗過酒；第二個階段是見過酒，但還沒嘗到；下一個階段是嘗到酒，知道滋味了；如果還感興趣的話，下一個階段就是再嘗一口或一杯；最後階段就是整個人跳入酒桶，這時人酒不分，不會再提口渴了。

問 不知道佛法的人，可不可能體驗無我？可不可能有這種體驗，卻因為背景不同，而給予不同的詮釋？也許他們把它視為上帝或整體。

師 這種人不可能有真正的無我的體驗。體驗無我的人，進入佛陀所知所見的境界，這種人不會把它解釋為上帝或整體。

問 我讀過一則軼聞，內容是說有個婦人根本沒有修行，只是經歷人生中的艱苦歲月。她心中自然生起的問題就是：「我是誰？」她從中有所體驗，而這個體驗改變了她對自己和世界的看法。後來她讀到一些有關禪宗的書，看出自己的體驗和禪之間的關係，於是去找一位老師談，而那位老師肯定了她的體驗。

師 如果情況是像你所說，而且得到合格的老師來肯定的體驗，那表示她類似緣覺，因為她對空性沒有預設的看法。另一方面，如果老師鼓勵她繼續修行，然後指導她，使她得到更多的體驗，那也是完全可以理解的。

我認識一個美國人，他在二十五年前有所體驗。他去找一位老師，那位老師肯定了他的體驗。十年後，他覺得自己有些問題沒有解決，就去找另一位老師，那位老師再度肯定他過去的體驗。又過了十五年，他依然不滿意，當時他已經是一個修行中心的老師了，卻毅然離開，來到我這裡。

我告訴他，他的理解有些問題：他以前也許有正確的體驗，那是件好事；但他抓住這個記憶不放。如果有人抓住很久以前的體驗的記憶當作體驗本身，就會有問題。我要他認真修行，對可能產生的任何體驗都要說「不好」。如果他以這種方式修行，以後需要指導，我會樂於幫助。

你說到的那個婦人心胸開闊，保持彈性，不執著於自己的體驗。因此，她在初次體驗之後，很可能會平順地修行下去。但這個男士心有期盼，所以會有問題。

問 禪宗有許多例子提到，人們真正體驗到無我，但後來依然遭遇到許多問題。這是不是表示最初的體驗不是真的？

師 不，這些體驗很可能是真的。良師能斷定這些體驗的真假，幫助對方得到更多、更深的禪的體驗，但並不能打包票。一個人的修行可能有閃失，也許師生之間因緣不具足，原因不一而足。體驗過無我的人也可能會退轉。那個美國老師的故事就是很好的例子。他有所體驗，得到老師的肯定，但後來依然有問題。他來到我這裡，要看看我們之間是否有緣，但我覺得沒有，於是傳授他一個方法後，就勸他回到原先的老師身邊。

問 您說到要體驗無我必須要了解禪，而且要有合格的老師。就那個婦人的例子來說，會不會她前世是佛教的僧侶或有深切的體驗，而此生終於因緣聚合，而有開悟的體驗？

師 即使前世修行過，此生依然需要老師和教誨；但如果前世修行得好，此生可能就進步更快。即使善根深厚的六祖，聽到《金剛經》裡的一句經文就開了悟，依然要找五祖指導。他聽到的不是一本平常書，而是純粹的佛法。

有人會辯稱，從來沒聽過佛法的人，其實就生活在沒有佛法的世界，其實就是緣覺。果真如此，又如何來評斷此人的成就呢？我們以佛法的標準來評斷佛法成就的高下。如果此人宣稱依照佛法的標準他開悟了，其實很可能並沒有開悟。從佛陀的時代以來，許多人，包括學者、領袖、哲人，都有所體驗，宣稱自己得到佛法所謂的開悟，其實他們很可能錯了。他們的體驗必須以佛法的原則來判斷。事實是，佛教有些方面和其他宗教不同。因此，對於佛法認識不清的人，不會具有佛法的開悟經驗。

問 **您說過對佛法有正確了解的人，即使沒有開悟，也能指導別人修行。沒有體驗的人，怎麼知道自己的了解是否正確？**

師 如果你有好老師，自己也認真修行，應該就會熟悉佛法的許多原則。佛教中有許多東西並不難了解或溝通。再者，閱讀適當的文獻就能對佛法產生正確、知性的了解。具備這些知識就能教導初階的人，然而不該處理大問題。最重要、最明顯的是，這種人沒有能力肯定或否定他人認為是開悟的體驗。我也要強調，如果有意教導他人佛法或引領別人打坐，必須先得到老師的認可，不管在家人或出家人都該如此。

以自己的宗教體驗來解釋經典，是會產生問

題的。那不但違反正確的步驟，而且是危險的。不該以自己的體驗來解釋經典，而該以經典來解釋個人的體驗。如果以自己的體驗來解釋經典，就會產生問題。那就是為什麼最好要跟隨合格的好老師學習。

知識障礙修行？

問 人們經常讀到，禪宗和禪師厭惡炫耀知識。大慧宗杲禪師（公元一〇八九至一一六三年）取笑學者；現代大師鈴木俊隆說：「專家心裡沒有什麼彈性，而初學者的心卻是無限的。」另一方面，許多修禪的西方人開始時是被佛教哲學的豐富內容所吸引。這是否矛盾？

師 即使是最早期的佛教，我都不太相信真的有愚蠢的禪修者，也很難相信有人是因為盲信而踏上禪修之路。大多數人修禪都是出於理性的選擇。再者，禪不會強調只是打坐修行，而犧牲學問。如果只是打坐，卻不知道為什麼打坐，修行頂多只是個空殼子。

禪強調來自打坐的個人經驗，但正確了解禪的修行和原則也是重要的。不了解佛法的人，從修行的獲利有限，甚至可能有害。單從這一點來說，禪就不反對知識。然而問題是：為什麼禪師似乎經常貶低知識、學問？

禪師承認知識、學問，但教人必須超越知識、學問。知識不是終極的真理。禪宗所說的開悟境界超越了思想、文字、象徵，無法言表，也無法以演繹的推理方式來了解。畢竟，思想、語言是人為的產物，根據的是象徵。顧名思義，象徵不是事物本身。因此，象徵不能解釋或掌握開悟，而人也不能單靠象徵達到開悟。光是用象徵來解釋我們周遭的世界就已經很難了，更別說要以象徵達到開悟。

此外，每個人看世界的方式都不一樣，因為根據的都是自己的一套經驗和理解。禪師必須提醒弟子，開悟不能單純以知性的方式來達到、描述、想像——不管是用語言、思想或象徵。平常的語言是不夠的，引用釋迦牟尼佛的話是不夠的，依賴祖師的文字、說法也是不夠的，這些描述都不是開悟的實相。

禪師教導弟子要把所有的觀念拋到腦後，才可能自己「直接體驗」開悟。許多人知性上能接受這個解釋，這進一步證明了禪是理性的方法。

我能以禪的哲學來刺激你的求知欲，但你認真修行時，不能依賴知識、才智；不可能一邊正確地禪修，一邊抱持以往的觀念。你不能回想這個或那個說法，也不能耽溺於自己的經驗，心想自己是不是嘗到了開悟的滋味？把一切拋在腦後，才是體驗開悟的唯一之道。事實上，把一切拋在腦後本身就是開悟；如果還執著任何東西，就不能開悟。知識、思想、文字、語言都是很難超越的執著，即使只是片刻超越都很困難；如果不能把它們拋在腦後，就會成為修行的障礙。

諷刺的是，開悟的人運用推理、知識、語言來幫助其他人修行。他們為了傳達禪修的利益，使用來自知識、經驗的工具。在修行之前，需要學問、知識、經驗，那時知道得愈多愈好；開悟之後，也需要學問、知識、經驗。然而在真正修行時，這些的用處不大。

大多數的禪宗祖師都是有學問、有知識的。他們在開悟之前只擁有世間智，開悟之後就擁有真正的智慧；開悟之前是有執著的知識，智慧則是沒有執著的知識。

問 我聽說有些印度的傳統認為，打坐是次要的、輔助的修行，知識的學習和聖典的辯論是更好的修行。

師 有些佛教傳統也是如此。玄奘（公元六〇二至六六四年）在西元七世紀前往印度取經時，發現兩個主要的佛教傳統：瑜伽派和中觀派。這兩個宗派的師徒經常進行佛法辯論。事實上，他們以古代的佛教邏輯系統做為探討的工具，把所有時間都用在仔細分析佛教哲學上。他們愈投入研究、辯論，心也就愈澄明，直到透徹了解全部的佛教觀念、原則為止。經過這種嚴格的訓練，煩惱自然就減輕了。

然而就某個意義來說，這種修行方式是菁英式的。如果住在可以一直從事辯論、研習的環境，要那麼做自然比較容易。寺院就利於那種修行：有足夠的時間，許多志趣相投的同修，很少打擾、誘惑。但在家的修行者就做不到這一點，他們有其他的責任。只有學院人士能有設備、意願、時間從事這種修行，一般人並不適合。

我認識一位在臺灣的法師從不打坐。我有一次問他：「你有沒有任何修行的法門？」他回答：「你說的修行是什麼意思？我用所有的時間研讀佛法、思索佛法、寫有關佛法的文章，一生都花在佛法上，還需要其他什麼修行？」對他來說，答案就是沒有任何修行的法門。他對佛法理解明澈，所以不覺得需要打坐，他的途徑和禪很不一樣。

如果人們追尋知性的途徑而放棄打坐，也就放棄了修行的精神體驗，而精神體驗會直接影響身心。知性的刺激只涉及智力的官能，會失去來自打坐的生理利益和直接的心理利益。即使印度的傳統也不完全忽略打坐，而是納入打坐，當成輔助的修行。

再者，有知識並不表示就精通、嫻熟邏輯的技巧和演繹的推理。不是學者的人，很可能不適合涉及高度分析的修行方式；相反地，任何人都能修習禪的方法。禪的修行是理性的，但不需要學術的技能，否則就不會有那麼多的禪師了。即使沒讀過書的人也能修禪。

問 **您提到的那位法師對佛法有清晰、透徹的了解，這和開悟一不一樣？**

師 那要看他的心境。如果心裡沒有障礙或執著，那就是開悟；如果依然有執著，那頂多只是知性上理解開悟，而不是真正的開悟。然而，法門無量，如果不斷根據邏輯探索一個法門，直到拋下所有的執著——包括演繹的習慣本身，就會體驗到悟境，這和透過禪的法門一樣。人們可以透過推理和辯證，達到某種層次的知性的開悟，但如果依然存在著執著，那就不是禪的開悟。

有一次兩位西藏喇嘛在辯論，最後由年輕的喇嘛下結論，年長的喇嘛只是微笑。看到這個情景，年輕喇嘛也笑了。到底誰贏？你不在場，所以不知道。即使在場，如果以執著心來看待此事，依然不知道誰贏了這場辯論。也許的確是年輕喇嘛贏了，但也許年長喇嘛的沉默才是真正的答案。要知道誰贏，你必須已經開悟。

問 **有位陸寬昱先生（Charles Luk）把深入修行的人描述成索然無味，甚至是愚蠢的，好像修行損害了正常的知性。根據他的說法，好像這種事經常發生在精進的修行者身上。果真如此嗎？開悟就像這樣笨笨的嗎？**

師 佛家有個著名的說法：開始時，見山是山，見水是水；然後，見山不是山，見水不是水；最後，見山又是山，見水又是水。這描述了修行的三個階段。

在第一個階段，也就是在修行之前或剛開始修行，修行者有才智，卻以執著心來區別，他們知道山是山，水是水。第二個階段指的是精進、深入修行的人，這時他們未能總是能明確地區別彼此，在外人看來的確可能顯得索然無味或愚蠢。第三個階段描述的是開悟，修行者再次能明辨彼此。第一個階段和第三個階段的差別在於：在第一個階段還感覺有自我，到了第三個階段就不再執著於自我。那位陸先生描述的是處於第二個階段的修行者。

開悟不會障礙才智；相反地，開悟往往使人才智敏銳。然而，依賴才智做為修行唯一的工具或指引，很容易就會成為障礙。

中國禪與日本禪

問 中國禪與日本禪有何異同？

師 禪宗在北宋時從中國傳入日本，被日本文化所同化、轉變之後，變成了日本禪。但我們必須記住，多少世紀來禪本身也經過了演化。從唐朝到宋朝，從宋朝到明朝，從明朝到現在，禪宗都有明顯的轉變。北宋時的中國禪很可能就像當時的日本禪，但經過了這麼多世紀，各自朝不同的途徑發展。

大多數知道佛教的西方人士，比較熟悉日本禪，而不熟悉中國禪。日本禪有兩個主要的宗派：臨濟宗與曹洞宗。這兩個宗派都可以追溯到北宋時中國禪宗的臨濟宗與曹洞宗。（譯案：此段見於第一版，不見於第二版。）

日本還有第三個傳承，稱作黃檗宗。這個宗派可追溯到明朝時的臨濟宗。由於臨濟宗在北宋與明朝之間有所轉變，因此臨濟宗和黃檗宗各有特徵、風格。黃檗宗現在依然存在，但勢力很小，在日本只剩下一座廟。

更複雜的是，日本的臨濟宗又有兩個主要分支。其中一個在北宋時由中國傳入，總部設於京都的妙心寺，由這裡衍生出許多小分支。另一個是南宋末年時由中國傳入，總部設在日本神奈川縣鎌倉的圓覺寺。

二次大戰前後的日本禪，風味有顯著的不同。大戰前，禪展現了許多的武士道精神。大戰後，這個特色不再那麼明顯。但是，和其他國家的禪師相形之下，日本的禪師或老師依然展現了強而有力的性格，在一群出家人中，我們不難看出哪一位是禪師。

在日本，具有權力的男子，性情上通常喜歡支使別人，就像武士一樣。但那並不一定是老師的特色，而是在日本有勢力的男子的特徵。然而，晚近的日本男子已不再像以往那樣展現武士的個性。今天，西方也出現了一些老師，男女都有。無疑地，這些老師的個性也會反映他們自己的文化。

另一方面，中國的禪師除了衣著、外表之外，在群眾中並不會讓人覺得特殊。一般說來，中國禪師沒有很凶猛或強有力的個性。如果中國禪師凶猛，那是他特殊的個性。中國禪師在指導他人修行時會掌控一切，但不會把這種行為帶到日常生活中。在禪七時，禪師也許會罵人，但其他時候這種行為很罕見。在禪堂外，他們過的是日常生活，與其他人沒有兩樣。

在禪的傳統中，通常有兩類禪師，一類禪師在指導修行時傾向於責罵，有時甚至責打修行者，這些禪師通常屬於臨濟宗的傳統。另一類禪師用溫和的話語和行為來教導修行者，這些禪師通常屬於曹洞宗的傳統。然而，我們必須再次強調，中國禪師只有在指導人修行時才展現這種行為。

在中國禪寺和日本禪寺中，修行是日常生活的一部分，工作和服務是修行很重要的一部分。當然，也有其他時間是完全投入打坐的，在那時候，可能有幾百人一起正式修行。禪七中，往往沒有固定安排與禪師小參，只有在修行者覺得發生了一些重大的事情時，才可要求與法師小參。其他時候，禪師同時向全體修行人開示。在禪寺中，有人待了幾年還沒機會與師父單獨見面、說話。

當禪師把中國禪的教義與方法引進日本時，所教導的是當時中國風行的方式。這些方式代代相傳，少有改變。即使在今天，日本禪寺對外在的衣著與行為，都有很嚴格、統一的規定，當然，這可能是日本文化的特色。（譯案：此段見於第一版，不見於第二版。）

幾個世紀以來，中國禪寺沒有那麼強調外表和修行的特殊形式。比方說，中國寺廟不會發給僧眾制服，比丘和比丘尼都穿自己的衣服。當然，他們有特殊場合要穿著的袍服，但一般說來，沒有嚴格規定衣著，而是把修行的重點放在持守戒律和遵守日常的作息上。

日本禪寺和中國禪寺不同，這是很自然的事。在美國的中國禪中心和日本禪中心不同，也是再自然不過的了。如果人們看我們的禪中心和典型的美國禪中心不一樣，不必驚奇。我們的禪中心和在中國寺院的傳統禪堂也不一樣，在美國的典型道場和在日本寺廟的傳統道場也不一樣。這是正常的現象，因為自然會有一些當地文化的風味。

其實，日本的傳統道場和中國的傳統禪堂很相近。典型的中國禪堂通常只是寺院中的幾棟建築之一。我們這個禪中心只有兩棟建築，其中一棟是女眾的住處，因此不得不把所有的東西放在另一棟建築裡。

傳統的中國禪寺裡有幾棟不同的建築，可容納數以千計來掛單的人。可能有一大群人住在大殿的建築裡，只有一百人左右能待在禪堂裡，禪堂的外貌通常很簡樸，甚至可能連一座佛像都沒有。

我來自二十世紀的中國，因此當我來到美國時，帶來了一些現代中國的風味。同樣地，日本禪師所建立的美國禪中心，帶有現代日本的精神。但是，我並沒有完全遵循中國禪的風格，禪中心的一些東西借自日本的指導，像是我們坐的墊子便是來自日本的傳統。

傳統上，中國的臨濟宗、曹洞宗的修行者，以及日本臨濟宗的修行者，採相對而坐的方式，我們則面牆而坐，這是根據日本曹洞宗的傳統。我也要修行者在兩炷香之間做一些瑜伽動作，這在中國或日本傳統中都找不到，而是我覺得伸展運動有益健康，是現代修行者必須的。

我在禪七中會和每位禪眾小參幾次，這種作法採自日本禪，但並不是每天都小參。我一般是讓他們自己決定，如果想和我談話，通常我都會答應。

中國禪寺對在家的修行者來講，基本上是閉門謝客的。典型的禪寺則是由一群出家人長年在一塊生活、修行，很少有在家人來參加禪七，打完禪七後就又回到日常的生活和作息。我們在紐約的禪中心則開放給在家人，而且前來的也大多是在家人。

在美國所遇到的事和中國不同，因此我得重組、修訂教學的方式。中國禪和日本禪必須改變、適應，才能在現代文化中——不管是東方文化或西方文化——流傳下去。

問 在禪中心所舉行的禪七中，我們拜佛，這也是日本禪的一部分嗎？

師 拜佛是典型的佛教修行方式。日本禪也拜佛，但程度上不及其他的佛教傳統。日本禪寺裡不強調拜佛修行，但出家人在早晚課後會禮佛三拜。然而，個人修行時採取哪一種方式則由自己決定。禪定的修行方式有四種：打坐、經行、唱誦、拜佛，因此，拜佛是修行的正當形式。

問 日本禪的修行者會慢步經行嗎？

師 會，但沒有快步經行。在中國禪寺，修行者快步經行，但不慢步經行。在紐約的禪中心，這兩種經行方式都採納。

其他還有一些不同的地方。日本禪不用念佛的方法，而中國則採用這個方法。念佛法門是禪宗四祖道信（公元五八〇至六五一年）所傳授的。今天，大多數人唱誦阿彌陀佛的聖號——其實，任何一尊佛的聖號都可以。在宋朝之後，許多人使用這個法門做為禪修的一部分。在日本，念佛法門是淨土宗的修行方式。

在日本禪宗，開始修行時採用的是數息或參話頭。一般說來，臨濟宗用參公案或話頭的法門。老師會給學生一些公案或話頭，要他們一個又一個地用功去參。曹洞宗所用的主要法門是「只管打坐」，這種方法通常被描述為「無法之法」。

我在教初學者時，通常要他們數息或隨息。剛到禪中心的人，如果從前長期使用參話頭做為個人修行的一部分，而且做得很好，我會勸他們繼續下去。如果有人習慣念阿彌陀佛的名號，我會勸他們繼續下去，但要他們不該存有往生淨土的期待。

做為禪修的法門，念佛或持咒和數息並無不同，目的都是為了幫著把心靜下來。如果採用念佛法門的人，心達到了平穩集中的層次，就可以開始來問「念佛的是誰？」基本上，這個法門就變成了參話頭。有人說，如果把念佛的法門變為參話頭，那麼這不僅是禪的法門，也是淨土的法門。這點我不同意。因為，這其實是禪修。

臨濟禪的修行者開始時通常是著重在集中心念，最常用的方式就是數息、念佛、參話頭。然而，在開始時，把話頭像咒語或佛號一樣來念。到後來，修行者進步到思索話頭以產生疑情。日本臨濟禪修行者一般的修行方式是，參一個又一個的話頭，而中國臨濟禪的修行者可能一輩子都在參同一個話頭。

在我看來，使用其他的方法比話頭更容易集中心意，因此我很少教初學者由參話頭開始。參話頭的目的是為了產生疑情，如果沒有產生疑情，這個方法就沒有達到目的。

曹洞宗的修行者通常以數息或念佛開始。然而，他們不會把這個方法轉為話頭。當他們的心靜下來時，就開始練習默照，這和只管打坐相似。

問 淨土宗的修行者以念佛達到統一心的境界時，和禪所體驗到的統一心是不是一樣？

師 不一樣，因為淨土的修行者是尋求轉生到淨土，這種有所求的態度預設有執著，一有任何執著就不可能是禪修。禪修者誦念佛號時，不該夾雜任何期待。真正的禪修者不會求佛幫忙。

問 那麼為什麼有些禪修者向觀音菩薩求助呢？

師 禪是佛教的一部分，因此沒有完全擺脫宗教性。修行者覺得自己無望、無助時，可能會向觀音菩薩求助或祈求力量。有時覺得無力、迷惘，這是人之常情。問題是，禪師會不會向觀音菩薩求助？禪師不會為自己的緣故來祈求任何東西，即使沒有執著，但有時覺得幫不上眾生，在這種情況下，禪師也許會念觀音菩薩的聖號。然而，就我對中國佛教史的研究，從沒看到唐朝的禪師念佛菩薩的聖號。可能當代禪師的修為比不上古代祖師那麼高深。真正開悟的禪師不需向觀音菩薩求助。

問 **如果日本的曹洞禪是來自中國的曹洞禪，那麼為什麼日本的曹洞宗被認為是漸修的宗派，而中國的曹洞宗則被認為是採用頓法？**

師 你這是從哪裡聽來的？根本沒有這種區別。你不該把溫和的方式和漸修混為一談。在修行的手法上，日本的曹洞宗、中國的曹洞宗比日本的臨濟宗、中國的臨濟宗更溫和，但全都是頓法。

我們可以用兩種方式來看：第一，我向來強調，修行既是過程，也是目標——如果目標是修行，那麼它自然就是頓法；第二，不管是和緩的修行或猛烈的修行——不管是用話頭來突破虛幻，還是逐漸靜心，直到自我消失——開悟總是突然降臨，而不是一點一點出現。

如果你堅持要把中國的曹洞宗稱為是漸法，那就也得把臨濟宗稱為是漸法。曹洞宗的修行者修習默照，臨濟宗的修行者參話頭，兩者可能都得透過經年累月的修行，這又有何不同？

問 既然日本禪的和尚可以結婚，那麼日本禪師與日本和尚有何不同？為什麼在中國禪宗沒有這種分別？兩者之間有沒有其他顯著的不同？

師 在日本明治維新的時候，鼓勵禪和尚結婚，以致原先單身、禁欲的傳統逐漸沒落，而只剩下禪師。二者的差別在於禪師可以結婚，和家人住在寺廟裡；他們也許採用禪和尚的生活方式，但是如果結婚的話，就不是和尚。「結婚的和尚」一詞本身就是矛盾。另一方面，日本禪的尼師不能結婚，但是現在她們正在爭取這項權利。

問 我還以為成為佛教和尚的首要戒律之一就是修梵行？

師 日本禪師也發下許多傳統的佛教誓願，但修梵行並不是其中之一。

問 中國的出家眾並不特別指定是禪宗或淨土宗的弟子，一生中可以嘗試許多不同的修行方式，在日本是否也如此？

師 在中國，一旦出家就可以修習任何佛教傳承，甚至不限於中國的佛教——可以修習南傳佛教、藏傳佛教，或任何其他的傳承。但在日本就不是這樣。在日本加入僧團時就必須選擇要成為禪宗或淨土宗的一分子。這也許是個好主意。

在中國，出家人很容易嘗試不同的修行方式，以致許多人在任何法門都不深入。就像我所說的，一直改變修習的方法，就像逛百貨公司櫥窗一樣，很難有什麼長進。

我住在日本的那幾年，全力用在研究和修行，並未著眼於分析日本禪和中國禪的異同。同樣地，我很少接觸在美國這裡的禪修中心或修習日本禪的修行者，因此必須以這種方式來理解我以上所說的。

進一步說，以上的討論限定於中國、日本、美國，但韓國也有堅穩的禪的傳統，也有禪師來美國。我猜想，在這些地方，禪宗的傳統都帶有當地的特質。佛教的一個基本原則就是事事物物都會改變，那麼不同的禪的傳統又如何能自外於這個基本原則呢？

我認為比較好的方式是，我們向人們解釋我們在做什麼，以及我們這麼做的原因，沒有必要說：「中國禪這麼做，日本禪那麼做。」因為這難免會導致不公平的比較、分歧、爭吵、競爭。如果這些討論引發爭議和敵意，要人去相信某種方式比另一種方式好，那麼這些人就不是好的修行者；這種行為是愚蠢的。修行者應該關切的是自己的修行，以及幫助別人。

我們如果把眼光放大，超越歧異的一面，那麼中國禪和日本禪都屬於大乘傳統，他們的修行者之所以修行是為了幫助眾生，這比任何差異都更重要。

美國的佛教得益自許多日本的禪師以及作者，他們是第一批帶著佛法的教義來到西方的人，他們開疆闢土的功勞和成就，使得其他的佛教傳統，更容易在此地發展。

禪與荒誕不經

問 禪宗的文獻充滿了師徒之間奇怪的對話和事件，看似具有荒誕不經的機智或幽默。這種禪的特色不僅在各種宗教中絕無僅有，甚至在佛教中也很罕見，請問來源為何？

師 禪師在訓練弟子時，採用的方法有些適合於日常的修行，有些只適用於特殊的情況。西方人首次接觸禪的文獻，研究歷史紀錄時，經常讀到有關公案的記載，但禪師其實並不常用公案。這些公案有時看來可笑，大多用於特殊的場合。如果禪師訓練弟子時用的全是這些紀錄中所描寫的方式，那麼造訪禪寺的陌生人也許會以為自己到了瘋人院。事實上，禪寺中的生活是很莊嚴的。你大概不會看到禪師燒佛像來向弟子證明佛法的論點，或用來強調佛法的特殊原則；可是，後來記錄下來的反而是這些異乎尋常的事件。

禪寺中的生活很平常，禪師的日常生活也和其他僧眾一樣。所有的人都根據嚴格的作息時間，生活安排得滿滿的，因此禪師很少有機會和其他僧眾，尤其新來的人談話。雖然也有聚會的時候，但那也只是為了特定的目的。資深的弟子通常坐在前面，比較靠近禪師。如果禪師問問題，只有修行稍有心得的人才敢回答，有時這種對話在外人看來也許覺得幽默。

有時在這種聚會中，新來的人會坐在後面。如果他們有體驗和自信，也許會回答問題，或提出自己的問題。在那些時候，即使初學也能尋求禪師直接的指導。

在這些情況下的對話，並不盡然有什麼結論，也未必有清楚的「對」或「錯」。如果有人的回應應機，需要進一步的指導，禪師可能會與他小參。例外的情況就是，如果禪師覺得此人的回應只是從書本上讀來的，很可能就會把他逐出門。

與禪師小參比在大庭廣眾下的討論重要得多。在小參中，禪師的問題可能深淺不一。如果弟子的心境澄明，那麼不管禪師說什麼，他都能自然回應，這顯示弟子和禪師心有靈犀。

禪師可能說魚在山上游，鳥在海裡飛，不管用的是什麼話，禪師在意的只有一件事：判斷弟子悟境的層次。透過對話，禪師可能找到機會來指導弟子，卻不是透過解釋。禪師會使用「契時契機、直截了當的動作」——此事無法以文字解釋或外表描述，但禪師依然使用語言，有時也用動作來指導弟子，如果弟子掌握不住禪師的意思，立刻就會被逐出門。

或者禪師可能問「萬法歸一，一歸何處？」弟子可能回答：「我要去尿尿。」問答之間似乎沒有任何關聯，但禪師可以從對話中知道弟子體驗的層次。也許禪師覺得回應不夠真切，就繼續問「要去尿尿的是誰？」弟子可能一言不發，當場就尿起來。從慣常的角度來看，這當然像瘋狂之舉。

如果弟子看來像是在假裝，禪師可能就用香板打他。弟子可能抓住香板問「打我之前，先告訴我為什麼要打。」禪師可能說：「好的，現在不打，將來再打三十大板。」弟子可能回答：「該打的是你。」

在外人看來，這些你來我往的過程毫無頭緒，高明的禪師立即了解其中透露的訊息，但程度較差的禪師可能劈頭就打或言不及義，而心眼明白的弟子就能看出底細，但這種情形並不普遍。如果有這種情形，禪師務必向弟子學習。禪宗的文獻中就有一則軼聞顯示這種可能。

百丈禪師有位弟子本來跟隨另一位師父修習，後來在百丈禪師的座下開悟。之後，這位和尚重訪以往的寺院，看見先前的師父正在讀經，這時一隻誤闖進來的蜜蜂急著要出去，猛往紙窗上撲，來訪的和尚就說：「好好大路不走，偏偏往舊紙裡鑽。」老法師見和尚看著蜜蜂，心想這話是對蜜蜂說的。後來，法師洗澡時要這位和尚為他擦背，和尚說：「可惜啊，好好一座佛寺，卻沒有佛。」老法師一驚，要求他解釋這句怪話的意思，和尚就說：「師父，我在百丈禪師那兒找到入口，今天報您的恩來了。」

老法師命人設席，邀請從前的弟子在禪堂說法，和尚又說了一遍：「可惜啊，好好一座佛寺，卻沒有佛。」老法師聞言，當下開悟。起先，和尚有沒有說老法師沒開悟？除了身處其中的兩個人之外，沒有人知道。但我們可以說，師父知道自己能從弟子學習時，就應該向他們學習，而不一定要改變彼此的地位。這是另一個幽默、機智的故事。

禪是頓法，不可能以語文或描述來顯示一個人心靈澄明的程度。完全不說話或不做事也是不可能的，因此有經驗的禪師會直截、自然地使用任何現成的方式。在禪師手上，語言和動作只是工具，它們的意義不能以慣常的方式來界定。

「東山下雨西山濕」或「李生喝酒羅生醉」，這些說法似乎不易理解。語言、文字、觀念都是人為的產物。如果我們不堅持文字的慣常用法，就沒有理由說為什麼「鳥」不能是「魚」，「魚」不能是「鳥」。此外，從統一心的觀點來說，現象不來不去，彼此了無差別。

禪師問問題，審度回應，以此斷定弟子了悟的層次。一個簡單的問題，如「吃飯沒？」可能有許多不同的答案。弟子可能只是答：「吃過了」或「從來沒餓過」。這些完全不同的回應，可能表示不同的體驗層次。如果禪師接著說：「洗碗沒？」弟子回答：「剛洗過。」這個答案與他是不是真的剛洗過碗無關，重要的是對於問題的回應；對答和「真假」無關。

雪峰義存（公元八二二至九〇八年）有一天洗米，師父問「你是淘沙去米，還是淘米去沙？洗好時，你是倒掉沙還是倒掉米？」雪峰回答：「兩個都倒。」師父說：「那麼大眾吃什麼？」雪峰竟把整個米盆翻覆。雪峰瘋了嗎？其實，這些回答顯示雪峰不執著於身邊的一切事物。這顯示了某種成就的層次，雖然並不是特別有深度。這種對話不能模仿，因為來自當時特定的環境。高明的禪師能覺察到何時一個「契時契機、直截了當的動作」，能像利刃般直入弟子的心靈，揭露其內在。

在禪師的一生中，這種事情很少發生。禪是頓悟法門，因此在這種時刻禪師不能倚賴邏輯思辨來幫助弟子，而必須倚賴手邊最直接的工具、任何來到嘴邊的話。對不熟悉禪法的人，這些故事可能看似幽默，但那種幽默只是表面的或偶然的。

禪其實是嚴肅、實用的，真正禪的修行是日常生活的修行。雪峰的故事發生在世俗的日常活動——洗米中。如果在日常生活中為人處事沒有執著，那已是禪的修行。修行者不把神佛的觀念置於日常生活之外，就這個意義而言，禪與其說是正規的宗教，不如說更像人文的哲學。但在它人性的一面中，禪脫離了多變的情緒和感情，純粹只是生活。

有一次，一位長老對弟子說：「三十年來，我一直在說東說西騙你們。」一位弟子答道：「你早該退休了。」次日，長老在地上挖了容得下一個人的大坑，對說那話的和尚說：「如果我真是早該退休，你就埋了我，否則我就埋了你。」那個和尚拔腿就跑。這是禪師的問題，還是和尚的問題？這個禪的故事聽起來很瘋狂，但其中自有深意，且讓你們尋思吧！

禪病

問 **聽說有人長期精進修行後，陷入禪病的狀態。什麼是禪病？**

師 首先，禪病是很罕見的。每天打坐一、兩個小時的人，他們的修行程度還不足以產生問題。這些人即使有心理上的問題或想急於得到成就，都不會有任何嚴重的問題。只有在長期精進不斷修行時，問題才可能發生，但大部分的時間都不會發生這種問題。如果有人知道自己可能會有令人不解的、古怪的心理幻覺，最好不要密集修行。

禪病的原因有四種：第一種是生理的，第二種是心理的，第三種是業障，第四種是外力，像是鬼神。原因不同，所顯現的禪病也不同。如果問題的根源是生理上的，即使不打坐也會看出有問題。其實，可能在打坐之前問題就存在了，而打坐有時會使問題現前。

身體上的禪病有許多原因，一種是對修行的態度不正確。比方說，如果希望藉由打坐得到神通，就會有麻煩。有些人希望藉由打坐青春永駐或加強性能力，這種態度如果過於極端，就會造成健康上的問題，也可能造成心理上的問題。

造成生理問題的其他原因，就是姿勢不正確、呼吸不自然。打坐時如果彎腰駝背，可能就會腰痠背痛、頸部疼痛；如果強迫或試著控制呼吸，可能會壓迫到橫隔膜。營養不良，像是食物的攝取不均勻，也可能造成問題。有些人長期打坐，試著不吃不喝。如果打坐時入定，失去時間感，欠缺營養也許沒什麼關係，但如果心裡仍有時間感，就不該略過正餐。

缺乏睡眠也可能造成禪病。有些人以為打坐可以取代睡眠，就完全不睡覺或縮短睡眠時間，這可能會造成嚴重的問題，尤其是神經問題。如果坐的時間太長，沒有足夠的活動或運動，身上的氣脈可能會堵塞。

許多人聽說打坐可以改善健康、治病，並打通堵塞的氣脈，這是有可能的，但需要時間。如果在開始打坐之前身體情況就不好，這種人就得小心。如果尋求速效，在能力不足之前就花了太多的時間在打坐上，身體情況可能會更糟。

第二種禪病來自於心理上的問題，來自太急於想從修行中得到結果。有人可能急著要開悟或得到神通。這種性質的疾病來自煩惱，是出於過度的貪、瞋、癡、慢、疑。其實這些感情、欲望每個人都有，但大多數人是自己可以掌控的。除非有適當的指導，否則這種執著會造成禪病。

如果太急著要從修行中得到結果，比較容易導致不良的心理狀態或罹患生理上的疾病。如果出現這種問題，就對自己這麼說：「不管來什麼，我既不需要也不想要；不管出現什麼，我既不喜歡也不害怕。」這雖然很難做得到，卻是應該培養的態度。

第三種禪病源自業障。不修行時一切都好，一認真修行就什麼都不對勁，也許頭痛、胸悶，有可怕的幻覺，或其他的病癥。這種禪病來自以往的惡業，醫療或心理治療幫不上忙，最好是停止密集的打坐。雖然不必完全放棄打坐，卻該改採更輕鬆的方式，在打坐前後也該念〈懺悔偈〉。如果能真心懺悔，禪病可能逐漸消失。然而，只是懺悔是不夠的，還得發願。懺悔是為了過去的不良行為，發願則是為了未來，應該發願修行不只是為了個人的利益，而是為了眾生的利益。

問 有些所謂的老師自稱可以為別人消業，減輕人生的負擔。過去我還以為一個人的業就是一個人的業，給不了也取不走。

師 有可能藉著迴向功德而為他人消業，但只限於短時間。就像你欠人錢而手頭又很緊時，別人能代你償還，暫時使你脫離困境，但你還是欠人錢，到頭來還是要為自己的業負責。只有在修行很深、心境和世界觀改變時，惡業才會離開。這時你可能還是受苦，卻不再把它視為苦難。

問 第四種禪病呢？

師 第四種禪病源自魔障，極為罕見。魔障可以指外力，也可以指內在的心理狀態。當我談論魔障和魔境時，通常指的是人們自己心中生起的東西。它來自錯誤的想法、錯誤的途徑、抱持錯誤的觀點或態度。對大多數人來說，外靈的干擾根本不會發生，萬一有外靈干擾，都是伴隨著錯誤的想法。遵循正道、對佛法觀念正確、不過於急切或貪著的修行者，不會受到這種外力的干擾。

外物干擾時，修行者可能知道，也可能不知道，知道外力的影響比不知道要好。第一種人也許認為有外靈、神祇、菩薩、佛運用他們的身體來弘法，知道不是自己在主控。第二種不知情的情況更為嚴重，這種人也許認為自己開悟了。如果有人指出他們的經驗、行為不符合佛陀的教誨，他們是不會相信的。這種人對於自己有極大的信心，通常能影響很多人，可說是陷入了魔境。

最嚴重的是，有人覺得自己成佛了，這種情形比精神錯亂還糟。面對精神錯亂的人，至少人們清楚問題之所在，也知道還幫得了此人。但自認是佛、菩薩的人，不但不相信自己需要幫助，可能還會引導許多人誤入歧途。

如果問題是來自外靈，那麼求助於醫師或精神分析師無濟於事，必須採取其他的方法。一種方法就是以另一個外力，如咒語或符籙來驅走鬼神，但這種方法並不可靠。如果咒語或符籙是好的一種，只能暫時把鬼神趕走；如果是不好的一種，可能引來更邪惡的鬼神。第二種方法就是要此人進行懺悔修行。如果他本人做不到，可由其他人代為懺悔，但效果較差。懺悔修行的效果，則要視情況的嚴重程度而定。

問 如何幫助被附身的人？（譯案：此處開始的四段見於第一版，不見於第二版。）

師 這點很難講。如果被附身的人對於佛法的觀念不正確或心態不好，就沒人幫得上忙，我知道臺灣有一些這樣的人——在家人和出家人都有。有些人還運用鬼神，或者該說被鬼神運用。這些人可能很有影響力，因為他們通常能滿足人們的欲望，能滿足人們對財富、名望、成功、權勢的渴求，或暫時減輕人生的負擔。

問 我以往一直認為僧侶不受鬼神的干擾，因為他們發願，而且在神聖的地方過著清淨的生活。不是有各式各樣的護法在幫助僧侶嗎？

師 僧侶只是穿上袈裟、發願，並不意謂他們的人格、態度已經改變，許多僧侶並不符合出家人應有的態度。鬼神不難進入對佛法認識不當的人，不管這些人是在家人或出家人。

總之，禪病是很罕見的，而且大多來自更現世的來源，像是生理的、心理的或業障。如果是生理上的問題，尋醫求助可能有效。如果是心理上的問題，則需要適當的治療師或老師的指導。然而，修行者必須相信治療會有效的。

如果問題是屬於心理上的，只要糾正觀念，打坐就不會有問題。有些許的自疑、焦急、瞋怒，這不是嚴重的心理問題。如果問題是出自生理上的，可能無法完全治癒。但是請大家務必了解，我這裡談的是嚴重的特殊情況，大多數人從來不會遭遇這些問題。腿疼或氣脈不順，都不是嚴重的生理問題。

從禪病恢復過來的人能不能繼續修行，那要看個人和情況而定。如果所有的病癥都消失了，繼續修行無妨；如果有任何程度的病癥，最好放棄密集的修行，直到病癥完全消失為止。

問 **可不可能一個人被社會認為是精神不正常，其實卻是處於禪的境界中？**

師 是有可能。這種人不是精神錯亂，也不是有禪病，而是他們看世界的方式暫時迥異於一般人，以致言行舉止看來古怪。其他人也許認為他們精神不正常，其實他們很好。這個階段是會過去的，他們會再回到一般人認為的正常行為。

問 **如果修行者具有無我的經驗，卻沒有正確的指引，會不會得到禪病？**

師 是有可能。如果老師不在身邊，而修行者有「空」的經驗——不一定是開悟——可能會產生心理問題或深受困擾。那也就是為什麼禪宗和密宗強調需要有合格的老師，需要有師承。走在靈修的路上，需要經過一定的過程，必須小心那些沒有師承或沒有被合格老師認可，卻自稱開悟而要幫助你的人。

問 **您說過，我們體驗到任何奇怪的事情時，應該只是不理會。我發覺這很有用。您也說過，我們應該把任何幫助我們的人或事當成菩薩的恩賜。我把任何幫助我修行的事物都當成菩薩的恩賜，任何障礙我修行的事物都當成魔的影響。對我來說，一切都是修行。**

師 修行者遇到外物干擾時——不管是人、情況、其他生靈，非但不受障礙，反倒使他們更認真修行。如此說來，應該把它們想成是菩薩的恩賜。

禪與心理治療

問 禪與心理治療有何異同？弟子與師父的關係是否如同病人與治療師的關係？

師 有同有異。禪的目標是去除無明與煩惱，見自本性，實證菩提。心理治療的目標是去除或減輕人的內在衝突、混亂、矛盾、無助感等。因此，禪與心理治療相同之處在於二者都針對心靈的問題，目標都在幫助人更澄明、穩定；差別則在於澄明的程度。

心理學不談自性和精神的覺醒，只是試著幫助人變得更穩定，更能了解、處理自己的問題。如果治療成功，人就可以更聰明、快樂。我沒有鑽研西方的心理學和心理分析，不是很了解治療師的作法。要了解心理治療，最好找心理學家談；但我有資格談禪，因此我是以這種立場來試著回答你所提的問題。

問 禪如何處理個人的問題？只處理病癥，還是根本不理？我最常得到的指點就是：打坐時不要理會心裡生起的任何念頭。因緣、因果錯綜複雜，所以很難找到問題的直接源頭。我們可以說「禪的態度就是：如果找不到因，就不必為它煩惱」嗎？

師 禪不針對特定的心理問題和它們的原因。禪師很少分析個人的情況，而是引導人提出自己的問題。人們在煩惱、受困、不安時，應該自己去尋找問題和答案。修行者應知道：問題之所以存在，是因為執著於自我。人們自己製造問題，因此必須自己來了解並解決問題。

修行分為兩種：一種是沒有方法的修行，一種是有方法的修行。沒有方法的修行可以用六祖惠能的話來歸結：不思善、不思惡時，心在何處？這種無法之法導致後來曹洞宗的默照法門。在這種修行中，修行者不理會也不壓抑心中生起的念頭，只是維持對於念頭的覺知，一有念頭就放過，這樣念頭就會愈來愈少，直到智慧現前。

有方法的修行，可以根據數息、隨息、公案、話頭。在有方法的修行中，修行者也略過惱人的念頭，但卻是藉著專注於一個方法上，把心集中於一點，最後連方法本身也消失，智慧就會現前。因此，目標是相同的：修行者知道造成煩惱、不安、不穩的問題，根源於虛妄的自我。對禪來說，分析、解釋都是不需要的。

在一些心理治療中，治療師與病人對話，以便找出病人心裡所發生的事，雙方都想要了解問題。治療師會試著把病人的病癥和自己所熟悉、接受的訓練的系統、理論連接起來，以判定病人的問題。這並不一定可靠，因為每個人的生平、經驗都不一樣。治療師也許相信他們的分析和方法是客觀的，但他們也許是錯誤的。

人們接受心理治療之後，可能覺得輕鬆、安慰；但是問題可能並沒有解決，只是得到短暫的紓解。這並不是說心理治療在解決問題上終究是沒有用的，只是對許多病人來說，治療可以維持個幾天。再者，完全依賴科學也是有限的，因為世間存在著許多無法測量、觀察的事物。比方說，面對來自業力或魔障的問題時，治療師的理論可能就不管用。

禪師不試著處理個性的問題，而是教弟子佛法以及修行的方法，並且以身作則。每個人應該都能使用禪的方法，但有的人沒興趣，有的人沒信心或不願努力。除非他們改變，否則就無法透過禪的方法和教誨來解決自己的問題。我們也必須知道，有些心理上有問題的人，禪是幫不上忙的。

我指導弟子修行，並沒有必要頂著分析師的頭銜。有些人參加過幾次禪七，某些問題始終無法解決，因此在小參時，我也許會問些問題，扮演分析師的角色——雖然我沒有接受過正式的訓練。我的教導和指引根據的是我對人心和佛法的了解，所以有些參加禪七的人也許覺得他們所獲得的利益類似心理治療。

然而，我的作法並不是典型的禪宗作法。傳統禪師的典型角色是把問題丟還給修行者，只是要他們繼續修行。這就好比有寄生蟲在人身上吸血。如果發現身上滿是這種寄生蟲，一種處理方式就是一隻隻抓，那要花很多的時間和氣力，更別提會失去多少血了；另一種簡單得多的解決方式就是撒鹽，讓所有的寄生蟲一次脫盡。禪的方法就像用鹽治寄生蟲，一次治療整個人，而不是針對單一的問題。

處理每個事例中的問題，就像一隻隻抓蟲，不但麻煩，有時還會有危險。在抓一隻蟲時，其他的蟲有時間鑽得更深，或者可能只是把它們暫時弄昏；更糟的是，可能把一隻蟲弄成三段，變成三隻蟲。心理問題也可能像這樣，以為已經解決了一個問題，結果這個問題卻以另一種形式或更多種形式出現。另一個附帶的危險就是，寄生蟲可能會傳染給治療師。所以，更好、更簡單的方式，就是撒鹽，深入根本的問題，也就是我執。

因此，許多分析師和治療師對禪和佛法感興趣，他們來這裡修行，開發內在。他們告訴我，禪加強、充實了他們的方法，有了佛法的治療師如虎添翼。

問 我從事心理治療已經十年了。心理分析中，有個「否認」（denial）的觀念。比方說，有人在辦公室裡大吼大叫，然後認為沒人喜歡他。但他不知道是自己引起別人的不喜歡，完全不知道問題出在自己，這就是否認。這是不是就是禪所說的忽略問題？

師 不一樣。禪知道自己的所做、所思、所言，卻超離自己的問題。大多數的問題都是由於執著於自我，或執著於固定的思維或行為模式。如果你承認念頭存在，但不理會它，到頭來它就不會出現來困擾你。對於打坐中出現的大多數問題，最好的方法就是不理會。如果你有更好的處理方法，就用那個方法。

禪七時遇到問題不知如何處理時，最好就是不理它，或者也可以找我幫忙，但我可能也是教你不要理它，或教你一個對治的方法。

問 打坐中這種處理問題的方法，也可以帶入日常生活嗎？

師 如果你有定時打坐的話，那是可以的。但我不是要人在生活中忽略、否認自己的問題、困難，只是大部分的問題不是很嚴重，如果一直想著它們，就會誇大了。所以，這些小問題最好是忽略。至於長期存在、以許多不同形式出現的問題，就必須處理了，這些問題需要特別地注意。如果你需要幫助，我會傾聽，可能提供指引，或者你也可以去找治療師。

問 心理治療通常處理精神官能症，而不是精神病，所以類似魔障的事通常不會發生，雖然我相信有許多東西來自人們過去的業，並且影響問題。

心理治療處理的是動機。如果該寫信給朋友，卻無緣無故拖延，可能是有什麼事阻礙了你的動機，這可以歸入精神官能症。精神病會阻礙人處理現實中的事，甚至連簡單的事都處理不了。

好的治療師不道破問題，而是試著要你知道自己的問題所在。他們也經常處理童年的經驗。和父母相處有問題的小孩，成人之後可能會有同樣的問題，只是更放大了。

總之，心理治療是在小我或自我的領域。它對我有用，幫助我度過日常的問題，但我不能只靠治療過日子。那就像是在黑屋子裡跌跌撞撞，心理治療可能給我一些方向，但我還是在一間堆滿東西的黑屋子裡。

師 謝謝你讓我了解心理治療的角色。我喜歡治療師讓病人尋思出自己的問題，謝謝你的更正。我也喜歡你最後的說法，人們可以從治療中得到許多利益，但如果完全靠它的話，還是像在黑屋子裡跑來跑去。

心理治療有它的作用，但並不夠。治療的模式經常是由一個人發展出來的，那個人的生平、經驗、業力會影響他的所思、所感。因此，心理學的模式也是對其創造者的心靈的研究，對一般人未必正確。而且，治療經常根據科學方法，所以必須和能觀察、測量、證明的事物有關。如果不能證明，就不是科學。因此，分析師很難接受像是魔障、業力這類的事。不過，幻聽這類病癥也不一定是由魔障引起的。

所以，懂一些心理治療是有用的。無法從禪修獲益的人，尋求治療師的幫助是明智之舉。我有時會勸人在密集修行之前，先尋求治療。不管你的問題是什麼，一天打坐一、兩小時不會有害，但密集修行則是另一回事。禪與心理治療可以攜手合作。

問 **有件事我還是不明白。禪不理會問題，這和否認、壓抑問題有何不同？**

師 不理會問題並不像一般人所認為的。你不壓抑自己的念頭、欲望，也不把它逼出心外，只是讓念頭進出你的心，看著它，而不隨它去。這是很困難的，只有精進修行的人，才有澄明的心和意志力做到這一點。

你不能使念頭、欲望離開，它會以一種或另一種形式出現——或者假扮，或者在夢中，或者斷斷續續，或者波濤洶湧。打坐的人必須運用自己對於佛法的經驗與知識來認清問題、處理問題，而且最好配合一些懺悔修行，像是拜佛，來協助減輕自我中心。這些都是有用的技巧，但不保證每次都有效。

打坐能使人更清楚掌握念頭、感覺的生起，以及它們背後的動機。你能開始看見內在煩惱的根源和種子，隨著這種清明而來的，就是更好的處理能力。你可以不隨著這些念頭、感覺而起舞。如果不澆水，雜草就不會成長；如果澆水，雜草就會在花園裡四處蔓延。有的人不以為意，許多雜草的確可以開出美麗的花朵，如果是這樣，至少你知道誰必須為後果負責。

覺知帶來控制和能力，可以處理煩惱。你可能還是會向它們屈服，因為別無他法，也許只因為你想要屈服。有一個說法：無知就是幸福。被念頭、欲望完全控制的人，不知道自己為什麼會做出那種行為。他們說：「我這個人就是這樣。」並且一再承受後果。有些人責怪他人，有些人認命，接受痛苦的人生。

所幸，修行者不同。所幸，打坐、懺悔、佛法可以帶給人更多的自覺、自制、謙虛。然而佛教徒並不是完美的，而靈修的道路也不盡平坦、筆直、標示清楚，這也就是為什麼稱之為修行。我們每個人都會有遇到波濤洶湧的時候，這時我最好的忠告就是：堅持修行，學習如何游泳，把頭抬在水面上，往高處去。每個人都必須學著如何在自己的驚濤駭浪中活命。

為什麼要讀經？

問 您會建議把讀經當成禪修的一部分嗎？

師 讀經的方式有兩種：一種是像讀其他書一樣，運用推理、知性，旨在了解意思；另一種是誦經，目的不在試著了解經文的內容，而是用文字的力量來攝心，培養禪定力。

為知性的理解而讀經，自然會遇到不懂的地方。如果問題涉及專有名詞或哲學觀念，可以查參考書；查了之後還不懂，就該跳過，繼續讀下去。每部經裡總會有不了解的地方。誦經的目的則不在知性地理解經文的內容；但如果遇到一些觀念，那也很好，不必排斥。

如果讀經的目的是想要對佛法有知性的理解，也許最好是讀論。論是由開悟的祖師所寫的，呈現的方式通常會比經更嚴謹、更有系統、更有邏輯。佛經不管多長，通常表達的只是一、兩個觀念。整部《大般若經》六百卷，講的只是一個「空」的觀念，其他佛經也大多如此。可以想見，一再重複相同的觀念會使人厭煩，但重複有個特殊的作用：可以讓佛法的觀念漸漸深入人心。經是從許多不同的角度，使用許多說明和類比來呈現觀念，但基本上總是一個相同的觀念。由於只是集中在一、兩個觀念，所以最適合念誦。即使為了知性的理由而讀經，依然能從這種經驗中得到很大的利益。

有關這方面的經典太多了。對禪修者而言，我會推薦《心經》，因為它言簡義豐，另外我也推薦《金剛經》。如果是為了讀經，《心經》比較適合，因為它所呈現的觀念比《金剛經》多。另一方面，《金剛經》較適合誦念，因為其中的觀念比較少，比較重複。

我也推薦《圓覺經》和《楞嚴經》。雖然這兩部經比較適合念誦，但也是佛法觀念的重要源頭，其實它們在形式上接近論，因為其中提出許多的觀念，而沒有太多的重複。這兩部經強調修行，討論的是打坐的不同層次，以及與修行相關的經驗，也分析眾生和世界的本質。如果沒有老師在旁檢視你的進展，就該查閱《楞嚴經》，以確認自己的體驗，決定自己的方向是否正確。

《維摩詰經》也很好，因為它討論的是「自性淨土」和「不二」（不區別彼此）這兩個重要觀念。《心經》中的「不垢不淨」，意指淨與不淨是不可分的。對開悟的人來說，垢與淨是相同的，淨土和眾生的世界也是相同的。

問 **您是否推薦閱讀或誦讀《華嚴經》？**

師 《華嚴經》很適合閱讀或誦讀。這部經採取的是佛法的唯心的角度，也談到菩薩最後、最深的境界，從初地到十地，但並沒有太多內容談到人道，或眾生如何修行可以開悟。因此，《華嚴經》被認為是困難的經典，但依然值得閱讀。

問 **就我所了解，經是由釋迦牟尼佛所說，只有《六祖壇經》例外，是由六祖惠能所說；論則是祖師對經典的評論，對不對？**

師 論是由祖師和學者所寫，分為兩種：一種是祖師綜合幾部觀念相同的經典，建構成較龐大的系統；另一種是對於單一經典的註釋。原則上，所有的經都是釋迦牟尼佛所說，但也未必。比方說，《維摩詰經》和《華嚴經》可能是由其他佛菩薩的化身所說，但因為沒有悖離佛法，所以也被認為是經。

問 您對現代的佛法著述，像是鈴木俊隆的《禪者的初心》，有何看法？

師 像這樣的著述是好的，如果多年之後依然被認為是重要的、值得的，就會成為祖師的著述。

問 可不可以默誦經典？

師 如果默誦經典，那麼在心裡依然必須有聲音，否則無法集中注意力，也許會陷入昏沉。

問 誦經時，該用梵文、中文，還是可以用英文？

師 如果你根本不在乎經文的意思，那麼持咒比誦經好。雖然咒語在原文中可能有意義，但不必去了解。讀經則不一樣，即使不是有意想要去分析其中的觀念，經義還是會自然沉浸到心裡。誦經時，不但心靜下來，同時對佛法的觀念也得以修正、精鍊。因此，最好是以自己最理解的語文誦經。

曾經有一位天台宗的祖師（智者大師，公元五三八至五九七年）在誦《妙法蓮華經．藥王菩薩本事》時，突然見到釋迦牟尼佛正在主持這個法會，彷彿法會仍在進行，甚至看到自己的師父也在座。在這之後，他的智慧大增，甚至被尊為「東土小釋迦」。

近代的太虛大師（公元一八九〇至一九四七年）在閉關誦《大般若經》時，突然失去所有的時間感，後來才回到正常狀態。在那次經驗之後，他的智慧有如泉湧。這些都是開悟的經驗，而且在這兩個例子中，兩位大師都不是在分析經典，而是一再誦念。

晚明的藕益大師（公元一五九九至一六五五年）也有許多體驗，但沒有一次來自打坐，全都是來自讀經。其中有一次是在註解經文時，突然智慧自內湧現，寫出原先沒有要寫的東西，而完全是自發的。

閱讀和寫作可以導致開悟，但當然要看所讀、所寫的是什麼。讀經時，心中沒有念頭，不分析經文的意思，可以導致開悟。讀閒書會導致同樣的經驗嗎？那是很不可能的，因為那時的心態不恰當。再者，讀經時，一字一句都像開門的鑰匙，使人更深入修行。

咒語則不同，持咒可以幫助靜心、集中心力。持咒和誦經同樣可以得到某些力量，但只是持咒可以開悟嗎？禪宗並不支持這種看法。

問 **咒語的力量從何而來？是那些字本身有力量，還是來自一再重複的誦念？**

師 都有。咒語是象徵，代表某位佛菩薩的力量，因此咒語本身就有力量。就這個意義而言，力量來自咒語的聲音。再者，專心一意持咒也會從內在產生力量，即使原先無意於此。

問 必須用梵文念咒語嗎？

師 持咒應以原文來發音，不過咒語又分中國道家的咒語和梵文的咒語。

問 咒語來自釋迦牟尼佛嗎？

師 咒語不是釋迦牟尼佛所教，而是開悟者的化身所教。

禪與民族文化

問 為什麼在中國古代有那麼多的禪師和高明的修行者，而我們這個時代卻很少？是否古代的修行不同或比較容易？是否東方文化更適合修佛？

師 當然，文化和歷史對禪有很大的影響。禪在唐朝出現時，中國已經因緣成熟，能夠改變了。儒家和道家是中國兩個本土的哲學傳統，當時已經到了成熟期，在這兩個傳統中有才華的修行者或學者，很難進一步突破。相對於儒家和道家這些眾人熟悉的傳統教義，禪宗提供了嶄新的、直接的角度。那些轉向禪的人，在智力和修行上已經準備妥當，因此他們以很穩固、堅定的方式採納教義和修行的方法，而能快速、穩定地進步。

即使當時的條件很理想，但在許多大寺院中也只有少數人透過禪法得到高深的體悟。宋朝時，修行者少很多，有成就的祖師因而也少得多，一部分是因為儒家採用了若干禪的特色，把許多人吸引了回去。然而宋朝也有一些大師，像是道元（公元一二〇〇至一二五三年）的師父如淨（公元一一六三至一二二八年），對於曹洞宗在日本的建立和傳播上，就發揮了很大的影響。

文化環境對禪的成功也有影響。唐朝和宋朝時，禪修者能獨立於社會之外在深山修行，不受政府的干擾，不仰賴供養，也不靠信徒維生，他們的生活方式穩定而單純。而且，他們態度認真，全力投入修行。許多人到深山修行，開發智慧，一修就是一輩子，他們的決心持久不變。

現在讓我們談談在西方的禪。美國和中國有些相似的地方。其中之一就是西方人之所以轉向禪，是因為對自己原先的宗教和哲學不滿，這和唐朝時的儒家、道家人士一樣。禪的教義吸引了有才智、心胸開放的人。對於尋求不同靈修途徑的人，理解禪的教義是正面、有益的。

另一方面，沒有太大困難就接受禪的教義的西方人，在修行方面上不見得那麼得力。對美國人來說，真心修行是困難的，這牽涉到態度、環境、意願。就修行的意願和態度而言，西方人和唐朝的中國人不同。修道的觀念在中國文化中早已根深柢固，所以轉向禪修是很平順自然的。美國人就沒那麼幸運，西方文化大多沒有這種觀念：以個人的認真修行來發現、解決人的生存問題。在西方宗教中，人們傾向於仰賴神的權威或神的愛，來解決他們的問題，雖然這種情況可能正在改變。

修行禪法的美國人通常並不清楚理解個人的修行接下來是什麼。比方說，禪宗頓悟的觀念很吸引人，但西方人並無法完全接受，可能得經年累月，甚至一輩子修行，才能產生這種經驗。由於個人的修行觀念在西方文化中並不深入，西方人顯得比較不願意投入長期的禪修。

到底要投入多少時間修行？這要看你想達到什麼成就。如果要想有進步，最好能投入幾年的時間專心修行禪法，而且最好是趁年輕時，因為禪修需要很多的精力。

每天修行幾個小時，在日常生活中是有利的，但很不容易達到深悟。每年抽出幾個月來修行，比一天抽出幾個小時來修行要好，然而在家人卻很難做到。如果有了開悟的經驗，卻必須回到家庭，過正常的日常生活，幾乎不可能保持來自開悟狀態的力量和見解。

唐朝時，大部分的修行者都是出家人。美國的修行者願意出家嗎？現今日本大部分的修行者都是在家人，一家人都能住在廟裡，或者修行者住在廟裡，家人則住在一般的社區。我不確定在西方能不能創造出相似的環境。

在美國，我覺得禪法大多會由在家人來修行、教導，因為似乎很少人願意出家。這些在家人會是那些有開悟經驗的人，他們成為禪師，指導其他人。如果發生這種情況，修行和成就的層次如何？在家人不能達到高深的開悟層次，這種說法是錯誤的。但如果修行時繼續和家人住在一塊，又能投入多少時間和精力修行呢？

文化環境也對大多數美國人造成問題。為了要有大的進步，禪修者應該過穩定的生活，不太忙碌、繁雜，單純的生活方式是必要的。公元九世紀時，有位很有學問的修行者香巖智閑，有一次，師父給他一個問題，儘管他學問好、修行久，依然沒辦法回答，於是他放下佛教，搬到深山獨居，單純地過日子。有一天在清掃茅屋時，他掃起的一粒小石子打到一株竹子，他聞聲而開悟。雖然他放棄了禪的正式訓練，但師父問他的問題一直縈繞在心中。他之所以能開悟，是因為心境單純，而且在單純的環境中過著單純的生活。

在我們這個時代，類似的情況很難發生。首

先，現代人很難離群索居。但還是有些地方可以居住，不受干擾地修行。其實，就外在環境來說，美國是修行的好地方，因為地大物博，政局穩定，並且能夠接納不同興趣的人，所需要的就是對修行的正確態度。如果有機會不受干擾地生活、修行，你會堅持到底，還是幾個月之後就會放棄？

美國人的另一個問題就是不安定。人們經常在找新老師、新教法，如果短期內在一個系統中沒有進展，就會換另一個系統。經常從一個老師跳到另一個老師，這樣一來，不管多麼精進修行，都很難進步。禪修要進步，基本條件就是在一位老師的指導下修行。大慧宗杲禪師在一些人看來是深悟了，但還是有人勸他去找圜悟禪師（公元一〇六三至一一三五年）。大慧有幸遇到這位偉大的禪師，在一年內就有兩次更深的體驗。在大慧禪師的修行過程中，圜悟禪師是必要的因緣。

現在，很難得有大師在西方出現，但這並不表示未來就沒有希望。西方的佛教依然處於嬰兒期。人們必須先採取正確的心態，必須恰切地了解禪修以及培養智慧的重要性。當這種條件成熟時，大師就會出現。

唐朝時，中國已經準備好迎接六祖惠能的出現，但如果不是五祖弘忍的努力，情況會困難得多。當時的土地已經肥沃，準備承接像惠能這樣的種子。當西方的土地肥沃時，大師也會在這裡出現。

問 **你是說因為西方人的業還沒成熟，所以大師還沒在西方出現？**

師 是的，但我這個觀點並不限於西方。有人說某個文化先天就比較適合禪，其實沒這回事！禪是普遍的。如果一個人、一個文化，有遇到好禪師的善業，那麼禪師就會出現。中國文化在唐朝時已經適合好禪師出現。如果中國文化繼續適合禪的話，現在依然會有許多優秀的禪師，但情況並非如此。也許西方是下一塊肥沃的土地，也許我們正為此播下適當的種子，以便在不久的未來可以開花結果。西方似乎正擁抱著東方的觀念和作法，但東方卻反其道而行。也許禪的下一次興盛是在西方，我期盼這種情況出現。

佛教的娛樂觀

問 出家人的戒律之一就是避免某些形式的娛樂，像是看電影、聽音樂、讀小說。在家的修行者也該避免娛樂嗎？透過娛樂的方式來弘揚佛法，是不是違反佛教的戒律？我覺得自己在許多非佛教的藝術中——音樂、電影、文學——看到佛法。這是不是有幫助，還是我只是為自己的欲望找理由？

師 出家人要守的戒律很多，其中之一就是遠離娛樂。某些形式的娛樂成為讓人發洩感情或情緒的場合，顯然，演員在表演時會發洩感情、情緒，因此觀眾接觸到他們的表演時，也同樣會發洩。那是藝術的基本功能。

出家人應該避免成為表演者或觀賞者。這看來也許過於嚴苛，但愈是參與這些活動，就會愈執著於它們。人們可能在欣賞表演之後體驗到短暫的發洩，但會有強烈的欲望想要重複那個過程。就這個意義來說，這些活動是會上癮的。

出家人的目標是把所有的欲望拋在腦後。如果參加娛樂活動，就不可能、甚至很難斬斷欲望。出家人應該運用佛法的修行和指導，以減輕、終至去除欲望。戒條是出家人的準則和提醒。

如果出家人沒有認真把欲望拋在腦後，就沒有理由或需要出家。然而，今天很難避免任何形式的娛樂，否則就會陷入孤絕的狀態。我們禪中心的牆沒辦法阻擋來自街頭的音樂聲，而且雖然住在寺院裡的人不參加各種的娛樂活動，但並不反對其他人從事這類活動。

如果從事娛樂是避免不了的，那麼出家人就該用方便法門。對於視覺的娛樂，解決之道很容易，就是不要看。但聲音的解決之道就沒那麼簡單了，而要看個人的修行，功力高的修行者可以聽而不聞。在這種情境下，出家人必須盡力而為。

有兩位年輕的臺灣出家人原先到我的寺院中嘗試僧伽的生活。第一年，有些時刻他們覺得不安定，拜佛和打坐都幫不上忙，最後兩人決定去看電影，他們知道這嚴重違反寺院的戒律，但還是去了。結果被我發現，因此他們回來時，我就問「該怎麼辦？」他們說：「我們曉得自己違反戒律，但還是決定去看電影。」在那之後，這兩位年輕人變成優秀的出家人，不再那麼不安定，也不再有看電影的欲望了。

在家的修行人不必戒絕娛樂。看電影和從事其他類似的活動，可以幫助解除不安或其他的情緒。即使他們決定持守八關戒齋，也只須在一個月中選擇六天避免娛樂。這給在家人一個體驗出家生活的機會。但在家的佛教徒可以唱歌、跳舞、看電影、看錄影帶，而不必害怕破戒。

然而，出家人有時會扭曲規則。有一次在臺灣看到一位出家人大聲唱誦，我就問「你是在修行嗎？」他回答：「不，其實我覺得不舒服、很不安。我想要唱歌，卻不能唱，因此用這種方式來抒發我的挫折感。」我回說：「這不是正確的唱誦方式。唱誦時應該出於恭敬心，不該唱得那麼大聲。」這位出家人並沒有破戒，但這種行為卻不像出家人該做的。他說：「今天我們都能從收音機中聽到大聲的唱誦，那就是正常的嗎？」我說：「他們那麼做，是為了把佛法盡可能傳播給更多的人。而你是在對誰唱誦？」他回答：「我試著把內心不定的情緒抒發出來。你可以說我是在對鬼唱。」

從佛教的觀點來說，我不反對人唱歌、跳舞、表演。其實，我們的禪中心在佛誕日的時候也安排表演活動，我也看他們表演。我並不渴望娛樂，而是因為慶典的緣故，我則隨喜。

如果娛樂是法師工作的一部分的話，是可以參加某種形式的娛樂。比方說，臺灣拍了兩部電影，一部是有關佛陀的生平，一部則是有關觀世音菩薩的生平。兩部影片殺青後，製作人邀請我參加試映會，看看片中所表現的合不合佛法的精神，我當然去了。相反地，如果出家人晚上去看電影，那就不能接受，因為那是為了個人的滿足。

我認為，用唱歌、跳舞、表演和其他藝術形式來傳播佛法是好的。我鼓勵人用現代語言從佛教的觀點來講故事，內容則不必來自佛經。印度著名的佛教大師馬鳴曾根據佛陀的生平寫詩、編曲讓人歌唱；宋元時期，也有佛教大師編曲讓人歌唱，傳播佛法。

以文學傳播佛法的實例很多。《華嚴經・入法界品》中提到，一位菩薩到各地參訪五十三位大善知識，向他們學習修行的方法，但這讀起來很像長篇小說。《妙法蓮華經》中也有一些故事寫得很華麗，而且有許多佛經是以很文學的方式來傳達佛法。

現代的中國長篇小說根源於明清的歷史小說，

而明清小說又採用了佛經裡的文學風格。佛經經常使用的格式就是在長篇宣講之後來一段韻文；在許多中國歷史小說中，把這個次序倒反，章節開始時先是一首詩，然後是故事。

問 **有沒有可能從音樂、戲劇、藝術、文學中，得到與修行相似的效果？**

師 我認為音樂是可能的。比方說，在禪七時我們早晚課誦，誦唱其實就是音樂。我談的不是那些會讓人刺激、興奮的音樂。有利於修行的音樂應該能幫助人安定下來，讓心從混雜散亂的狀態進入平靜集中的狀態。

我聽說有位韓國女士編了一支禪舞，如果看她的表演能讓人穩定、澄明、冷靜的話，就該鼓勵人去看。

同樣地，如果文學作品的用意是要傳播佛教的觀念，那是有用的。但我懷疑只是讀小說是否就能開悟？但如果能透過閱讀而對禪的法義和態度有更深入的了解，那是件好事。

人們可以從藝術或修行的角度來看這些例子。從藝術的角度來看，人們為了自己的享受而聆聽、觀看、跳舞、唱歌、閱讀。從修行的角度來看，人們從事這些活動是為了幫助超越日常混亂不定的心。

問 **有時我專注於閱讀很艱深的詩，之後覺得心很澄明輕安，這種感覺和坐了一炷好香的經驗相似。**

師 當心集中時，就能體驗到這種感受。但這是讀詩或小說所能達到的最高境界，無法帶人超越集中的層次。在那之後，心就會不集中，或被所閱讀的材料牽引到其他方向。

問 **沉思是不是修行的一部分？有時在禪七時，您要我們沉思心裡生起的念頭。為什麼不能沉思故事、詩歌或繪畫呢？**

師 我要你們所做的沉思，不該包括邏輯的思考；相反地，你們應該把心放在一點上，直接看到事情裡面去。這很難解釋，但不同於運用邏輯，也不同於跟隨一連串的思想而達到結論。

透過音樂、舞蹈、文學，有可能體驗到一些類似來自修行的事物。我們可以把修行理解成幫助修行者從散漫心進到集中心，由集中心進到統一心，再由統一心進到無心。透過藝術的形式，有可能達到集中心，但很難體驗到統一心，更別提無心了。

問 似乎歷史悠久的傳統大都抗拒改變，但我覺得如果佛陀今天仍在世的話，很可能會使用現代的科技，像是錄影帶、收音機、電視等。這對完全不了解靈修傳統的人特別有用，因為運用現代科技可以接觸到更廣大的群眾。

師 我的團體的確以CD、錄音帶、錄影帶來傳播我的開示 。然而，這些並不是為了娛樂，而是為了弘法。

問 許多寺院沒有導師，那麼對於那些無法接觸到大師教導的出家人呢？

師 收看娛樂錄影帶是絕不可以的，但教學錄影帶則可以，尤其是在寺院或教學中心播放的話。戲院的觀眾可能很雜，使人分心。

問 許多有關打坐的錄音帶，有些配上音樂，有些配上文字，我覺得他們所教的只能達到某個層次，也許只到達集中心的程度，但很膚淺。禪修打坐的錄音帶會不會破壞教禪的目的？禪強調的是追隨一位老師修行。而人們也許認為錄影帶可以取代老師或禪七。像這樣的錄影帶很可能會誤導人，尤其如果是佛教團體支持這種錄影帶的話。

師 是有可能製作不同層次的打坐錄音帶，但較高層次的修行不能用這種方式來傳達。到了某個程度就必須隨著老師修行，但我贊同為初學者錄製教學錄音帶。

問 書法和繪畫呢？

師 這些也包括在藝術中，因此前面的說法也同樣適用。透過這些藝術形式可以使人達到某種層次的集中，但極難體驗到禪的開悟。出家人的戒律不禁止繪畫、書法、詩歌甚至攝影。然而一般說來，出家人不該花太多時間在這些事情上，否則很可能就沒有足夠的時間、精力投入修行了。

許多出家人以書法、繪畫、詩歌聞名，但除了少數例外，在中國佛教史上都沒有顯著的地位，因為他們不是傑出的修行者。

問 那麼寒山呢？

師 寒山是碰巧寫詩，但他並不自認是詩人。

問 **先前你說娛樂可以讓人發洩情緒。比方說，聽樂團演奏交響樂，可能使人感動落淚。這和禪七中有人可能會感動得痛哭流涕有何不同？**

師 兩者有些相似之處，但不是同一件事。人們在修行時大哭大笑，通常並不知道自己為什麼這樣；與其說是發洩情緒，不如說是調適身體。聆聽交響樂時落淚的人，知道自己為什麼落淚。

人們也可能在禪七時想到一些事情，使他們用特殊的方式來發洩情緒，但事後通常會覺得輕鬆、平和。聆聽交響樂落淚的人，可能也會覺得輕鬆、平和，但大多數情況可能並非如此。此外，禪七中覺得平靜，有助於修行。在交響樂中落淚之後而覺得平和的人，很可能並沒有進一步運用他們平靜的狀態。聽交響樂時你落過淚嗎？

問 **沒有，但在禪七時我哭過，事後卻不覺得平和，因為沒有完全發洩出來。**

師 你說得不錯。你並沒讓它完全發洩出來，否則就會覺得更好受、更自在。如果沒有讓它出來的話，就會覺得不舒服，好像悶住了一般。

詩歌與王維

問 王維（公元七〇一至七六一年）是中國唐朝的大詩人，曾擔任政府官員，是虔誠的佛教修行者，也是護持佛法和僧團的大護法。您能不能從他的詩斷定他是不是成就很高的修行者？從他的詩中，能不能學到與佛法相關的要旨？

師 首先，我必須承認，我沒下過工夫研究王維的詩，但讀過一些。其實，中國文學和詩歌很多都有禪的風味，因為王維有名，所以許多人比較記得他的詩。王維以書法和詩歌聞名，由於他對佛教的興趣，因此被稱為「詩佛」。我們不該把他視為最好的詩人，或已經開悟的人；他不過是個詩人，又碰巧是佛教徒。

王維的許多詩都談到大自然，這些詩表現出寧靜安詳、自由自在的空靈氣氛。但其他詩人也寫過類似的詩，有些在王維之前，受到其他的影響，比方說道教的影響。因此，我們不該立刻推測，中國有關大自然的詩是受到佛教的影響。真正受到佛教影響的詩，必須具有底下的特色：無我、無執、空靈。

我們在王維的詩中能找到許多佛教的主題，也知道他嚮往僧侶的生活方式和言行舉止。他的詩有時對比出家人與在家人的生活，深切傳達出對僧侶的崇敬，因此可以推斷他景仰佛教，但無法確定他是不是有高深成就的修行者。在我所讀過的王維作品中，看不出這一點，但他的確知道一些修行的方法。

能不能從王維的詩中斷定他的成就，這很難說，因為這種斷定是很主觀的。同樣地，能不能透過他的詩得到有關佛教的深入見解，也很難說。

問 **王維在〈胡居士臥病遺米因贈〉這首詩中用上佛教的用語，這是真正的感受，或只是藝術的手法？**

師 這首詩中有許多來自《維摩詰經》的典故，也描述了某些具有禪味的態度。然而，我也讀過一些完全未曾修習佛法的讀書人所寫的詩，也能傳達出很高層次的禪意。這首詩並不能證明任何東西，比方說：「無有一法真，無有一法垢」這兩句，其實直接來自佛經。我們能說這兩句詩直接來自王維的修行體驗嗎？

問 **不知香積寺，數里入雲峰；**
古木無人徑，深山何處鐘。
泉聲咽危石，日色冷青松；
薄暮空潭曲，安禪制毒龍。
——〈過香積寺〉

這首詩似乎傳達了某種成就，能否請您評論？

師 詩人透過他們的藝術境界觀看世界，嘗試表達這些境界在他們心中所激發的感受，而讀者透過詩人的文字進入他們描寫的世界。如果詩人成功地做到這一點，那很好，這就是藝術的功能。但這也是煩惱，而煩惱可分為許多不同的層次。

佛教有時談到三個層次的感情。第一個或最低的層次包括粗糙、突兀、猛烈的情緒。這些在人心中突然生起，是人們對於不同刺激的立即反應，所以往往是突兀、不平穩的。第二個層次包括比較平穩、精緻的感情，通常指的是更正面的感情，比方說持久的愛；然而，這個層次依然會有起伏擺盪。第三個或最高的層次包括極精鍊的感情，少有執著，就像是邁向真、善、美的期望，有時被稱為藝術家的開悟或境界。能達到這種程度的確是很好。

詩和畫在這一點很相似，面對好詩、好畫，讀者或觀者能進入那個世界，感受到藝術家所要傳達的感情。王維就是這類的詩人。對於藝術愛好者來說，可以發揮很大的功用，也能幫助那些不打坐的人，在他們陷溺於工作時，減輕他們的煩惱。

問 **底下這首〈鹿柴〉也許是王維最著名的一首詩：「空山不見人，但聞人語響；返影入深林，復照青苔上。」全詩結尾時，人完全消失，就只剩下光。請師父品評這首詩。**

師 這是詩，要怎麼詮釋都可以。比方說，許多禪師認為，任何事情都是完美的、最高的。如果從那個觀點來詮釋這首詩，可以說它描寫的是禪的意境。即使如此，都還不算是高層次的禪。詩中談的空山，指的是沒有人的山，然後提及人聲，最後引到照在青苔上的光。誰看到這一切？其中依然有個在看的人。只要有自我存在，就不會是高層次的禪。

問 **道家和佛家似乎有些相通之處。其實，有一種說法：老子到印度成了佛。禪與早期的上座部和小乘佛教不同，這些差異似乎很多來自道家**

的影響。道家崇尚自然，談論寧靜、變幻不定卻又永恆的自然的本質。《華嚴經》提到共相與自相交相作用。同樣地，禪修的目標之一就是使心統一，並與自然合而為一。我最後這個說法正確嗎？道家對佛家有沒有影響？

師 總是會有來自其他文化和傳統的影響。老子、孔子與釋迦牟尼佛是同時代的人，因此佛教傳入中國時，道家和儒家都已根深柢固了，人們自然以自己所知道的來詮釋佛教。禪，尤其是南宗，受到道家自然主義傾向的影響，比方說，一切眾生，不管有情、無情，都能成佛，這在原始印度經典中是找不到的。有一則有關道生大師（公元三五五至四三四年）的傳說：道生說法時，無人在場，頑石卻點頭。這些都是道家的影響。這些觀念在六祖之後的法師作品中出現。

王維很可能受到道家的影響。同時，出家人也寫禪詩、畫禪畫，這些詩、畫傳達出空靈的境界。這些藝術品傳達的觀念是：任何法都包含了整體。這些畫傾向於抽象式或印象式的，這些作品和受自然影響的藝術不同，而是直接受到禪的影響。

至於心與自然統一，打坐到某個階段時，可能達到身、心、環境了無分別的狀態。那時內外統一，前念與後念統一。詩和藝術是可能傳達這種感受的，詩人和藝術家也可能沒有經過修行而體驗到這個，但極為困難。

問 佛性存在於每個地方、每件事物。藝術家透過與藝術的密切結合，可不可能甚至不知道佛教，也達到某種層次的禪的境界？

師 藝術家是有可能達到所謂藝術家的開悟境界，這是一種統一心，這時藝術家與藝術合而為一，但這個經驗根據的依然是「有」，而不是「空」。我們可以把藝術家的證悟當成較淺層次的禪的成就，但那和見到自性是不同的。

問 〈四弘誓願〉中的第三條「法門無量誓願學」是什麼意思呢？您曾說過：任何事，甚至對於知性的強調，如果心中沒有煩惱、障礙，都可以是通往開悟之道。

師 如果心中沒有煩惱、障礙，就已經開悟、見到本性了；只是因為似乎沒有感情上的困擾，並不表示就沒有煩惱。

問 如果藝術變成方法，那又如何？可不可能深深融入作品中，而體驗到無我的境界？

師 那幾乎不可能。如果完全融入藝術中，藝術就成為你的世界和生命的整體。你也許認為沒有自我，但依然執著於藝術。

問 那麼第三條誓願的意義又如何呢？

師 「法門無量誓願學」說的是：菩薩學習無量無邊的法門，是為了幫助眾生，而不是為了自己。比方說，如果有人只是對跳舞感興趣，菩薩會學跳舞以便幫助那個人了解佛法。

責任與修行維持平衡

問 修行需要很多的時間與努力，而大多數的修行者都是在家人。如果生活中的責任愈少，就愈有時間修行，也愈少障礙。能否請師父針對自由與責任來開示，並以婚姻與孩子為例？

師 對於修行禪法的人來說，承擔責任是修行的一部分——不管出家人、在家人都是一樣。如果你結了婚，不管配偶是不是佛教徒，都該承擔做為妻子或丈夫的額外責任。

如果你的伴侶不了解你為什麼花那麼多時間和精神來修行，就該把伴侶當成菩薩，是來幫助你培養耐心和容忍的。

然而，要維持這種態度是很難的，因為你自己不是菩薩，很可能就無法把別人當成菩薩。大多數人在這種情況下會試著逃避責任和問題，或者事先避免。

剛才有人提到，婚姻失敗時很難修行。當然，我不知道他們分手的原因，但在大多數情況下，婚姻失敗是兩個人共同的結果和責任。如果婚姻失敗是因為你希望責任愈少、自由愈多，你可能需要改變態度。

也許你認為修行的唯一方式就是打坐，其實那種想法是不正確的。打坐能幫助你比較不受制於情緒和感情的攪動，但生活中的任何一種方式——工作、家庭生活與伴侶的關係——也都是修行的機會。把那些責任當作修行而承擔下來，才是明智之舉。

即使出家人，修行也不限於打坐。我沒有成天打坐，我的生活充滿了許多責任。其實，出家意味著正式放下個人的喜好，把時間和精力用於幫助他人。這些都是修行的一部分。僧侶可能沒有家庭責任，卻承擔起了更大的責任——眾生。

問 生育和照顧小孩的責任呢？精進的修行者沒有小孩是不是比較好？如果這樣的話，是不是逃避有家室者的責任？

師 首先，從佛教的觀點來說，如果你生小孩，是創造了一個場合，讓另一個眾生開始另一回的生死輪迴。另一方面，如果你沒有生這個小孩，這個眾生透過其他的因緣還是會出生的，因為他的業力就是如此。

這就牽涉到動機了。如果你避免有小孩是為了誠心想要認真修行，那是可以接受的。這意味著你真的把大多數的時間都用在修行上，與追求或逃避無關。但如果你說：「我不喜歡小孩，因為小孩會妨礙我修行。」這種態度意味著厭惡小孩，那就是自我中心的錯誤態度。

還有一個現實的問題。如果沒有小孩，就真正表示你的修行會更好嗎？如果有小孩，就表示修行會分心嗎？如果沒有小孩，你可能會把時間花在其他事情上。另一方面，如果有小孩，你必須割捨許多其他興趣來照顧家庭，反而可能有更多時間來修行。

有位禪中心的成員說，她因為小孩而減少了修行的時間，但真正是因為小孩嗎？就她的情況來說，那與她安排時間及優先順序的方式有關。她花了很多時間工作，好多賺些錢讓小孩將來能上大學。同時，她雇人在她工作時來照顧小孩。因此，妨礙她修行的是工作，不是小孩。

問 但如果父母不工作，以便有時間修行，後來卻發現自己的小孩不能上大學，難道這就對嗎？

師 如果有小孩，要做多少才能符合你對他們的責任，要看個人及情況而定，因為你可能能力和資源有限。如果家境不好，可能無法送小孩上昂貴的大學或任何大學。在上面所說的情況中，那位母親要小孩擁有某些東西，而她為此努力，以致修行的時間無法像以前那樣多。那是現實的情況。這是她的選擇，她的業。

另一方面，禪中心有另一位母親，她有一個小孩，卻修行得很好。她每天打坐，對禪中心奉獻很多，幾乎每次禪七都參加，卻還是匀得出時間，那是她的選擇，她的處境。就我的觀察——至少在臺灣——成家後應該有小孩，因為如果沒有小孩，尤其結婚幾年後沒有小孩，很難維持幸福的關係。

問 為什麼？

師 如果夫妻之間有衝突，小孩可以做為緩衝。夫妻之間有了這個共同的聯繫、共同的興趣，就不會為了小事大作文章，也不會為了小小的差異而分手。當然，在美國離婚很容易，但做為修行者，這種極端的情況應該很少發生。

古時候在中國，有些著名的在家居士不但修行得很好，同時還維持著大家庭，他們的小孩絕沒有障礙修行。我把中國的那個趨勢和美國現在的這個趨勢，都視為短暫的。現在，這裡的人參與的活動很多，維持小家庭，但未來情況會改變，也許會變得像中國古代那樣。

當然，現實地說，小孩占了你很多時間。在禪中心，除了極少數的例外，有小孩的人比較難參加這裡的許多活動。我的意見是：如果剛開始修行，沒有小孩比較好。

問 因此，您是說剛開始修行的人最好不要有小孩？

師 我不會那麼說，因為如果那樣的話，有些人可能認為自己一輩子都是剛開始修行，就永遠不要有小孩。必須知道，對許多人來說，有小孩的主要作用是強化婚姻和家庭的聯繫。如果婚姻中困難較少——如果夫妻是朝向幸福、正面的關係邁進——那麼沒有小孩是好的。然而，有小孩可以加強婚姻中的聯繫，有時甚至可以拯救婚姻。

問 如果我們把有小孩想成是強化或拯救婚姻的方式，那麼我們對於小孩的責任又是如何？

師 不要把有小孩想成是解決婚姻問題的方法，而是有小孩時責任更大，自然就會協助強化婚姻的聯繫。在這種情況下，小孩是在幫助步出困境。另一方面，如果夫妻承擔有小孩的責任，他們也是在幫小孩。

有一對夫妻以往經常吵架，後來有了小孩。我問他們情況如何，丈夫回答說：「情況改變了。以前我們總是在吵架，現在小孩使我們忙得團團轉，根本沒時間或精神吵架了。」因此，如果要使自己的婚姻關係冷靜下來，有個小孩可能是明智的選擇——小孩會成為你們注意和精神的焦點。

問 在卡斯塔內達（Carlos Castaneda）的書中，唐璜奉勸他的信徒，不管是男是女，如果要走上靈性鬥士之路，就避免有小孩。他說，小孩一出生就取走父母很多的生命能量，使他們虛弱。他也說，如果要保持個人的力量，就不要有小孩。您的意見如何？

師 禪不相信或認知這些觀念。小孩當然從父母取走能量，卻是以自然的方式。小孩成長，需要注意和照顧，奉獻這種時間和精力會使人消耗。我先前說過，如果剛開始的修行者，要有小孩又要修行可能很難，會花很大的氣力、精神、時間、努力，才能集中心智。但是，即使結婚而沒有小孩也會有問題，可能會製造自己的障礙。在這種情況下，最好過出家人的生活，或至少單身的生活。從禪的觀點，我要再次強調：修行不只是打坐，生活中的一切都應該是修行的一部分。

問 **我單身時，修行頂多稱得上是反覆不定。現在結婚了，每天修行。就我的情況來說，婚姻幫助我的修行。**

師 幫助你修行的不是婚姻，而是你的態度改變了。單身時，你可能有許多興趣，不知道如何明智或有效地運用自己的時間。現在結婚了，心理上準備定下來，結果就更能集中精力。

問 **打坐不是修行的唯一方式，但如果要達到更深層次的修行，打坐就很重要。在這個意義上，婚姻和小孩會不會不利於修行？會不會妨礙人成為大師？**

師 佛陀傳授佛法時，知道不可能所有的人都成為僧侶。出家能幫人把自己的欲望拋在後面，只有少數的修行者可能如此。因此，佛陀針對在家人和僧團制定不同的教誨和戒律。在家修行和出家修行有許多不同的地方。在家人和家庭、生涯、財產、個人事務關係比較深；出家人發誓棄絕這些東西，就理想而言，他們應該一無所有，包括自己的身體。

一般人最強烈的執著就是對於他人的執著。年輕女子最執著於父母；後來，男朋友或丈夫成為最重要的人。有了小孩之後，小孩又變成是最重要的。小孩成家之後，繼續對小孩和他們的小孩有很深的感情。凡夫的生命中充滿了來自各式關係的執著，有這麼多的執著還要全心修行，是很難的。其中可能並不包含性；但如果包含了性，也會成為極深的執著，性行為使人很難培養出禪定。

愛與婚姻可以成為許多煩惱的源頭，但未必障礙人成為好的修行者。另一方面，愛和婚姻會使人很難成為好的老師，雖然並不是完全不可能。此人可能是好老師，但很難培養出深厚清淨的智慧。當然也有例外。在西藏的寧瑪巴傳統，有些結婚的老師成為大成就者。然而，這些大師的力量來自於精神導師的祝福和個人的修行。

如果有支持你的配偶或伴侶一塊修行，那是最好的安排。那種生活是基於彼此的照顧、尊重、敬愛，而不太以性來定義彼此的關係。那種生活是獲得解脫的良好基礎。

31

在非佛教的社會中培育佛教的子女

問 我們不久就要有小孩了。我們是把佛教融入生活中的西方人，不知道應該如何來培育小孩。許多人之所以轉向佛教，是因為對以往的信仰不滿意，原因不一而足，我們就屬於這一種人。我們不願意向別人傳教，包括向自己的小孩傳教。美國佛教徒夫妻要在大多數人不了解佛教的環境中培育小孩，對這問題，您有什麼建議？

師 首先我們必須接受、肯定這個看法：宗教能幫助小孩。父母心中有這種觀念之後，甚至在小孩尚未出生就可以開始傳達佛法。還沒出生的小孩就知道外在的世界，而且能夠接受祝福和功德。

尤其是母親在懷孕時就可以開始培育小孩，要避免情緒性的行為，或悲哀、憤怒的感情，維持平穩、快樂的心境，隨時願意幫助別人。在這種情況下，小孩比較有機會生下來就個性好。

如果夫妻是天主教徒，小孩出生後就會受洗，得到祝福、名字、教父教母。佛教沒有這種儀式，然而父母依然應該讓小孩受到祝福，可以請法師或出家人來祝福。而且，父母為了小孩應該累積功德，他們可以讀經，誦念佛菩薩聖號，在做這些事時要維持開朗、慷慨、慈悲的心態，而且心中清清楚楚、真真誠誠地把功德迴向給小孩。

當然不限於讀經或誦念聖號，也可以去做義工，從事社會工作或布施，然後把功德迴向給小孩。可以做些協助弘揚佛法的工作，這樣就能幫助所有的眾生，包括自己的孩子在內。功德迴向來自你們的心力，而且是藉由佛菩薩的智慧。如果你們修行得好，具有強大的心力，那麼就可以直接集中心力，真誠發心幫助小孩。

小孩長大時，可以開始與他談論佛法、佛陀和大菩薩。必須在適當的時刻向小孩解釋這些觀念，讓小孩對佛教能有些了解，將來比較好做選擇。你們必須告訴小孩，在美國雖然大多數人遵從基督教的教義和倫理，但還有其他宗教，而你們選擇了佛教。必須要知道，你們並不是強迫小孩接受佛教，也不是強迫小孩皈依三寶，而是在告訴他存在著這些其他的選擇，以及你們自己的選擇是什麼，如此而已。

到了七歲時，如果小孩願意接受三寶，就可以帶他去皈依三寶。傳統就是如此，但七歲還算年幼，小孩可能不清楚佛法是什麼。如果他們後來改變心意，也沒關係，不該讓小孩覺得如果後來選擇不接受佛法，或選擇另一個宗教，就像犯了罪一樣。接受另一個宗教也是很好的。

身為父母的你們可以向子女講述其他宗教的故事。除了佛教和禪的故事之外，跟他們講《聖經》或其他宗教的故事也無妨。帶小孩到其他的教會也是件好事，也許到你們原來信仰的教會，讓他們接觸不同的信仰、習俗、觀念。在這種情況下，你們可能大都會前往佛寺，因此小孩會熟悉佛教。不要讓小孩長大時敵視其他宗教，那會是不幸的，尤其若是因為缺乏機會接觸其他的信仰。

另外，很重要的是，不要告訴子女對宗教應該如何，而是向他們解釋你們所做的，以及你們為什麼這麼做。比方說，向他們解釋你們為什麼打坐，而不是強迫他們打坐。身為佛教徒的我們，希望眾生能接觸並接受佛法，當然你們希望小孩得到佛法的利益，但不該以強迫的方式。

我知道許多人放棄其他宗教改信佛教，是出於自己的意願，沒有人強迫他們。他們也許認為，所有的人都該以同樣的方式來接觸並接受佛法。父母也許會覺得：「我們是由於自己的業力和因緣發現佛法的，所以應該讓小孩有同樣的自由。如果他們自己發現佛法，那很好，但我們絲毫不會介入。」這並不是正確的態度。

很少人是自己決定、選擇自己的道路的。大多數人都是受到別人的影響，隨著別人的話去做。因此，小孩長大時，很重要的就是要向他們解釋：佛教是什麼？為什麼你們遵循佛法？佛教和其他宗教有何異同？切記，〈四弘誓願〉的第一條是「眾生無邊誓願度」，而子女就是眾生。什麼是最好的方式呢？除了提供小孩基本的照顧之外——食物、庇護、關愛、良好的教育、協助他們成為社會上有用的一分子——也該關切子女的心理狀態。你們能告訴子女如何擁有心靈的平靜嗎？能幫助他們了解並接受三寶嗎？能介紹他們修行的方法，並以此幫助他們嗎？如果能做到這些，那麼就已經做到分內的事了。

我們居住在一個匆匆忙忙、異質多元、變化不斷的社會，連成人都會覺得混淆。不要告訴子女做什麼、不做什麼，而是向他們解釋你們在特定的情況下是怎麼做的，以及你們為什麼這麼做，別人又為什麼那麼做。不要為子女下判斷，只要試著幫助他們去了解。如果能做到這一點，那麼子女以你們為榜樣，很可能會自己就轉向佛法。

最好在小孩十四、五歲之前做這些事。如果開始得早，小孩很容易就對佛教產生信仰。但如果等到十四、五歲之後，小孩就很難發展出同樣的信仰。此外，這個年紀的小孩開始會反叛，因此最好在叛逆期開始之前，就已經教小孩這些事情。

其實，轉向佛法的成人並不尋常。他們轉向佛教的原因不一，但通常是因為從前的信仰有所欠缺，而接觸佛法時，覺得受到佛法的吸引。這是以往善業的結果，也是理性、有意識的選擇。然而，大多數人並未改變信仰。如果子女成年時，還沒有讓他們對佛法產生興趣，很可能就永遠辦不到了，因為那時他們都已經獨立了。因此，教導子女佛法應該在十四歲之前。

你們的目標並不是要子女接受佛法，而是慢慢灌輸對於人們和眾生的責任感、灌輸道德原則和面對人生的勇氣。子女具備適當的道德，就不會說出、做出傷害自己或別人身心的事；具備適當的勇氣，子女就會全力以赴，接受任何後果，也會接受三世因果的觀念。把重點集中在這些事情上。至於子女將來會變成什麼樣的人，會接受什麼宗教、走上什麼路，那終究要看他們，而不是由你們來決定。（譯案：下兩段見於第一版，不見於第二版。）

問 師父，您先前說過，父母應該告訴子女佛教和禪的故事。但這些故事中有些很古怪，對於那些不修行或不熟悉禪的人來說，這些故事很容易被誤解。請問應該如何處理？

師 不要碰那些古怪的故事。許多故事並不是那麼奇怪，而且容易了解，告訴子女這些故事，把那些古怪的故事留給修行者。

問 這是個假設的情況：如果一個十幾歲的男孩對父母說：「我決定出家當和尚，全心全力投入修行。」父母該如何處理這種情況？

師 我十三歲出家，許多過去和現在的法師都是很年輕就出家。十幾歲的小孩有這種想法，並不是完全不合理。如果發生這種情況，父母應該問小孩為什麼？如果理由很奇怪，那就不是很妥當。如果理由很正當，那很好。而且，如果根本沒有理由，只是有很強烈的出家的意願，那也可以接受。我的情況就是如此。

其實，目前的社會對於受教育有些規定。最好的方式就是讓小孩先完成中學教育，同時他們可以去寺院或禪中心，在法師的指導下開始修行。如果在受完學校教育後依然感興趣，就該上佛學院。這樣，孩子就能逐漸學到佛教和修行的事，比較了解出家是不是他們的志向。

問 **教導子女佛法，父母的責任或義務有多重大？**

師 應該和你們對自己的義務一樣重大。孩子剛開始時什麼都不知道，你們必須提供資訊和知識。這就像食物一樣，有些小孩很挑食，撿這嫌那的，有些小孩給他們什麼就吃什麼。教學也是一樣，先了解小孩的狀況，他們願意接納多少就給多少，但不要強迫。

問 **我從小是天主教徒，我的教養包括一天要念幾次《玫瑰經》，背誦祈禱文，閱讀有關上主和耶穌的故事。自己身為佛教徒父親，要讓小孩同樣學習類似的東西嗎？比方說，唱誦、禮佛等等？我該要小孩打坐嗎？**

師 愈少形式愈好。在東方，許多父母要全家早起，焚香禮佛，三餐、出門、臨睡前重複相同的過程。這可能太過了些。佛教的儀式可能和其他宗教一樣繁複。

形式不是那麼重要。我們應該強調在日常生活中維持佛教的精神，培養慈悲觀，在這方面不斷教導他們，比方說，不虐待小動物，試著幫助所有的生靈。告訴他們，這就是慈悲。

教他們不要浪費；告訴他們，不管我們擁有什麼，都來自以往的業。如果我們浪費，就等於消耗以往累積的功德。父母要以身作則不浪費。教小孩打坐也是不錯的主意，但必須要知道小孩很難坐著不動，如果他們有興趣，就教他們如何打坐，一次試個五分鐘。如果他們願意繼續坐，那很好。如果他們要起來玩耍或做其他事，那也很好。（譯案：下兩段見於第一版，不見於第二版。）

問 似乎小孩年幼時比較開放，但社會和教育都限制、而不是提昇他們的開放性。對小孩來說，可不可能讓他們擺脫那個過程，在他們依然開放、具有彈性時，協助他們在靈修的道路上有長足的進步？舉一個奇怪的假設情況：如果禪師能養小孩，讓他們擺脫任何文化的制約，小孩會不會在修行上進步得很快？

師 你忘了眾生都有自己的業根。父母、禪師或任何人都不能有意地培養小孩，使小孩自動成為徹悟的人，那都要看各人以往的業，而業是無始以來所累積的。此外，禪師忙得很，哪有時間養小孩？

禪修與老年人

問 禪修的方法有時很嚴格。面對初學修行的老年人，您會不會改變技巧來適應他們？再者，您如何面對初學佛法的老年人這個議題？

師 佛陀從一開始出家，乃至於後來開悟，都還是個年輕人。佛陀最初的弟子也大多是年輕人，不過也有一些年長的在家和出家弟子。大迦葉是佛陀最偉大的弟子之一，也是佛教的初祖，出家時已是老人；另一位名叫蘇達多的在家大修行者（譯案：即建立祇樹給孤獨園的給孤獨長者），接觸到佛陀的教誨時也已經是老人了。

就在佛陀涅槃之前，一位名叫須跋陀羅的弟子想要見佛陀，聽他開示。須跋陀羅那時已經年逾八十了，心裡明白自己和佛陀的時間都不多了。佛陀的一些弟子想把他打發走，便說：「你已經這麼老了，開示對你有什麼用呢？佛陀的時間寶貴，不該浪費在像你這樣的人身上。」

佛陀聽到了，就要弟子讓須跋陀羅進來，說：「就是因為他年紀這麼大了，所以更該聽這些話。」須跋陀羅於是與眾人一起聽佛陀開示，只聽了幾句，就證得阿羅漢果。他是佛陀在世時所接受的最後一位出家人。

禪宗的趙州和尚（公元七七八至八九七年）以「狗子有無佛性？」的公案聞名，十八歲時初次體驗開悟，之後追隨許多禪師，深入修行，但一直到八十多歲自己才成為禪師，開始收受弟子。

佛教不以年齡大小來區分，業力在任何時刻都可能成熟。如果一個人想要修行，不管年紀多少，都應該立刻認真修行，年長的人更為急切，因為他可以修行的時間少很多。當然會有一些身體上的差別。通常，年輕人的耐力、體力、精力比較好，老年人則因年老力衰，在修行的體力方面比較弱。

然而，年輕人也有不利的地方。他們經常受到環境中的許多事物吸引，通常野心勃勃，想要有所成就，因此精力更常分散。一般說來，老年人通常不那麼有野心，也不那麼容易被世事所吸引。他們更穩定，可能比較容易專心一意於修行。

問 以往修習佛法，但現在年紀大了的人呢？他們的修行方法該不該有所不同？

師 修行的人年紀大時，修行應該變得更穩定。年輕時可能有很多事情使他們分心，有時得放下修行去照顧其他事，使得修行不能連貫。如果根基穩固，修行就會更為穩定，障礙更少，而老年人更不會偏離修行。

當然，這些是概括的說法。有些人年紀大時情況改變，比方說生病或虛弱，更難修行。另一方面，有些人年紀愈大精神愈好、興致愈高。環境也可能改變，阻礙修行。如果退休的人一直把修習佛法當成嗜好，退休之後可能還是把修行當成是次要的，而把時間用在新的、優先的興趣上。當然，也可能有人把修行當成第一優先。

有些人可能打一開始就對佛法抱持錯誤的看法，認為修行一定要有某種體驗。這些人的佛法根基不佳，等到年紀漸長，可能認為：「這是年輕人的事。我還沒有任何體驗，現在年紀一大把了還尋求體驗，真荒唐。」切記，修行不限於這一生，而是生生世世，直到成佛。甚至成佛之後，還要一直精進，利益自己的修行，利益眾生。佛陀開悟之後繼續修行了四十年，認真精進，幫助眾生。

問 修行的適當態度不正是要把修行當成過程，而不要有任何目的嗎？打坐本身便很值得。換句話說，打坐的目的就是打坐。

師 正是。我們在過去的大修行者身上看到這一點，他們中沒有一個在修行時抱著想要體驗某種事情的態度，只管修行。人們從來不知道什麼時候業障會消逝，一個人可能修行幾十年而不覺得業障去除，其他人，像須跋陀羅，只需聽幾句話業障就消失了。這種事無法預測，因此應該只管修行。

問 那麼，年長的人對於佛教和修行應該抱持什麼態度？

師 沒有固定的方法和答案。有些人年紀漸長，但精力維持不衰，甚至更健旺。有些人愈來愈衰弱。有些人一向都衰弱。我們不該以年紀來區別，而是看個別情況而定。

一位七十八歲的男士參加我在臺灣主持的禪七，他認為自己的健康情況良好。我要他放輕鬆，但他堅持參加所有的活動，和別人一樣努力用功。後來，他坦承禪七很辛苦，我就要他改用「生起慚愧心」的方法，也就是說，留意自己身為人的弱點，覺知自我的虛幻。這個人遵從我的指點後，情況就改變了，不再嘗試和年輕的修行者競爭。他把兩腿放下，以安穩的方式一坐幾個小時——沒有痛苦，也沒有壓力。在清楚覺知自己的虛妄之後，他痛哭失聲，之後身體就不再成為障礙了。後來，他來找我，疲倦地告訴我說，他覺得已經達到原先的目標，禪七對他來說已經結束了。我同意他的看法，就讓他回家。

相反地，有位年輕一點的女士健康情況不佳，但要參加禪七。第一次我拒絕了，但第二次時，她說服我說自己的健康改善了，於是我允許她來參加，不久發現她的情況很糟。我就告訴她，想做什麼就做什麼：走動、打坐、要起床時就起床、要休息時就休息。她感到失望，但還是遵照我的指示。過沒多久，她的慚愧心自動生起。第四天，她的慚愧心很強，就坐了半天。下午，她來找我，形貌有了很大的改變，原先蒼白、病懨懨的，沒有精神，面帶憂容，現在則面孔明亮、開朗，充滿生氣。她說：「我覺得自己通過了考驗。」我回答說：「是的，你通過了，你的禪七已經結束，現在可以回家了。」

我說這兩個故事，顯示年輕的修行者和年長的修行者之間沒有清楚的分別，全看個人和因緣。

我們一直都在談禪七。那麼日常生活呢？同樣地，也沒有差別。這是心理的問題，不是生理的問題。應該按照自己的健康和活力的情況來修行，而不是按照年紀。只要不懈怠，不被其他興趣分心，修行應該是隨著年紀而長進。即使人們從事其他活動，也應該絕不擱下修行；不該因為太投入其他事情，而忘了修行和佛法。如果他們的心穩定在這方面，修行就會進步。

一般說來，為什麼我們比較強調訓練年輕人修習佛法，強調努力、用功修行？那是因為年輕人比較容易散亂、分心。嚴格的修行使他們忙碌，幫助他們更能規範、集中精力。

總之，身體的脆弱只是另一種障礙。日本兩位最偉大的禪師——道元和白隱（公元一六八五至一七六八年）——健康情況都不好。道元長年有肺病，五十多歲便圓寂。白隱的身體也不好，卻像道元一樣成為偉大的修行者。因此，顯然不管年紀、健康或身體情況如何，都能修行。

佛教與財富

問 物質上的成功和利益，對修行有害還是有利？

師 物質上的財富並不是問題，重要的是人對財富的態度以及處理的方式。《聖經》上說，駱駝穿針眼比富人進天堂的大門還容易，佛經沒有這類的說法。相反地，有許多例子指出，有錢有勢的人也可以是很好的修行者。在釋迦牟尼佛的時代，許多有錢人大力護持佛陀。一些有錢人，不管是男是女，都是護法者和很好的修行者，其中有些還證得聲聞乘的三果，也就是說，此生之後不再生於欲界。他們之所以沒有達到四果，是因為沒有發誓出家，但他們對物質財富抱持著正確的態度。

從佛教的角度來看，對於財富的正確了解就是：世上的每一件東西都屬於你，但同時也沒有一件東西屬於你。某些東西在常人看來是屬於你的，但那只是你的業果，你只不過暫時擁有這些東西，而且有義務要善加處理。從宏觀的角度來看，可以說整個地球都是眾生所有，但不是要讓我們擁有和濫用，而是要讓我們照顧、尊敬並傳給後代。

具有正確態度的有錢人，有利於護持佛法，因為他們能善用自己的財產。釋迦牟尼佛曾經待在幾位富人家中，包括國王的宮中，接受供養，而他自己也是王室的一分子。

如果你有錢，而且接受財富屬於眾生的觀念，也許會認為：「我要把所有的錢送給身邊需要它的人。」但這麼做並不是正確的方式，因為可能是浪費。這種決定應該根據良好的判斷。有智慧的人知道如何善用自己的財產，其他人則不知道。具有智慧和財富的人，有計畫地處理財富，並遵循既定的原則。有智慧的人，才能適當處理財富。（譯案：此段以下部分見於第一版，不見於第二版。）這也適用於寺院。雖然許多出家人可能住在寺院裡，但住持並不必須提供他們一切。出家人進入寺院時，隨身帶來一些東西和技能，這些財產其實是各人的業果。然而，住持不鼓勵出家人隨心所欲地擁有或使用任何東西，即使他們的財產是個人業力的結果，這些人可能不知道如何善加利用，反而造成浪費。

兼具智慧和財富的人，不會隨隨便便處置財富。有錢人繼續有錢也是件好事，佛教不主張貧窮或共產。另一方面，佛教徒不應該說：「我所擁有的一切絕對屬於我個人，我會運用各種手段來保護自己的財產。」佛教鼓勵人們布施，幫助他人。在嚴格的資本主義中，人們盡可能累積財富，這種想法不符合佛法，而且很具毀滅性。

其他對於財富的態度可能也是有害的，像是把財富當成個人安全的保障，或成功、成就與地位的象徵，抱持這種態度的人會盡可能累積財富。如果他們有一千元，就想要有一萬元；如果有一萬元，就想要有一百萬元。他們會想為自己和子孫後代累積財富，希望子孫不但能維持他們的財富，而且繼續增加。他們一直想以各種方式來增長財富，患得患失。心裡有這麼多事，就很少有時間做其他事，尤其是靈修。

再說，這種人有一種很深的觀念，認為錢是很難賺的，因此不願施捨他人。對任何事情抱著累積的心態，這是和修行南轅北轍的。相反的態度就是對財產不在意、不經心，那也與修行相反，是不負責任的。佛經鼓勵人們善用自己擁有的，但一無所有時也能泰然自若。不應該太依賴自己的財富，也不該把所有的快樂建立在財富上，而該學著在任何情況下都能心滿意足。

有個關於著名的禪修者龐居士的故事。據說他很富有，在開悟後把家裡所有的金銀財寶裝到船上，丟到河裡。他和家人後來連住的房子都沒有，靠著販製籃子為生。有人問「你為什麼不把金銀財寶送給需要的人呢？」龐居士回答說：「我不要害任何人。如果給人財富，他們很可能造下許多惡業。相反地，如果你要他們修行，他們就會得到真正的財富。」這個故事很可能是捏造出來的，卻有個很好的意旨：最好能清心寡欲，生活得簡簡單單、心滿意足。

如果在物質上很富有，很可能就增加了責任的負擔。累積和處理財富需要時間、精力，修行的時間也就更少了。然而，如果把自己看成只是守護財富，而財富其實屬於眾生，就可以修行得很好，那時會以無執著心、無得失心來看待、使用財富。

不需要害怕擁有或累積財富，但也不該沉溺於財富所帶來的歡樂。應該有節制地使用自己擁有的，幫助那些需要的人，護持佛、法、僧三寶。

開悟持久嗎？

問 有些已經見性的人說，他們還是有煩惱。見性有沒有持久的效應？還是說它的利益終會消退，使修行者回到原點？

師 見性是見到空性，見到無物可執，證悟《金剛經》所描述的四相（我相、人相、眾生相、壽者相）皆空，證悟常、樂、我、淨都是錯誤顛倒的看法。對於眾生而言，不管是不是修行者，這四種看法都是常見的執著。人們希望永恆，相信有一個永恆不變的自我——不管是以天堂或來生的形式出現。他們相信那種境界會是永遠幸福的，但他們以自己的經驗來定義幸福，那本身就是一種執著。他們相信這種境界——不變的自我享受永生的幸福——是純淨的，沒有痛苦或汙染。然而，人們談到純不純淨時，通常是從欲界的生理享受的角度。

大多數人，包括精進的修行者，都抱持這四種顛倒的看法。具有這種執著的人，沒有真正見到自性。大乘佛教的基本原則就是：沒有什麼是恆常或絕對的；沒有永恆的自我，沒有絕對的幸福或純淨。這在《心經》和《金剛經》裡說得很清楚。永恆與無常、自我與他人、快樂與痛苦、純淨與不淨，了無差別。如果在修行中依然執著於任何這些顛倒的看法，就沒有真正體驗到見性，至少不是深刻的見性。

也許有人因此就認為沒有見性這回事，或者不可能體驗到見性。其實，見性是肯定可能的事，但要看修行者和提供指導的禪師。如果禪師嚴守禪的大門，一再拒修行者於門外，告訴他們還沒有入門，那麼修行者在某個時刻會不再有期盼，不再渴求開悟，只是精進修行。在這種情況下，修行者反而更可能體驗到真正的見性。但體驗之後又如何呢？體驗到見性時，並沒有見到任何東西或得到任何東西。你證悟到現在見到的東西和過去見到的東西完全一樣，只是其中沒有了自我。

如果有好禪師在場，只要問幾個問題就能斷定那個見性的體驗是真是假。然而，功力較差的禪師可能被騙。在大多數情況下，這種經驗不是真的，而是在修行中生起的心理、生理反應。我必須再次強調，必須要很好的禪師才能斷定那個體驗的真假。

至於煩惱，並不是在體驗到見性之後便消失，而會像以往一樣繼續現前，差別在於：真正見性之後，會更覺知自己的煩惱——知道煩惱什麼時候要生起；處於煩惱中時，很清楚知道自己的情況。彷彿有人站在一旁，一直守望，一直警覺。

沒有見性的人經常發現自己埋在煩惱中，會抱怨自己的困境。然而見性的人不會有這種問題，他們會察覺煩惱生起，他們的煩惱也不會很大。就這個意義而言，體驗到見性的人要比沒有見性的人好得多。

問 **沒有見到本性，不是也可能見到煩惱生起，並且知道自己在煩惱中？**

師 這不一樣。沒有見到本性的人，不會清楚察覺自己的煩惱。他們也許能看出明顯的煩惱，但察覺不到更細微的煩惱，見性的人則能看出任何有自我執著的東西，這是一種立即、直接的察覺。沒有體驗過見性的人可能看得出大煩惱，但那是經過理性的過程，而不是直接的察覺。

有時人們相信自己已經見到本性，他們甚至可能指導他人修行，相信自己現在是老師或禪師了，但在生活中卻繼續沉溺於欲望或犯戒。其他人也許會問「禪師，如果你知道這些是壞習慣，為什麼要繼續呢？」他們也許會回答：「是的，我有這些習慣，但我開悟了，不執著於它們。」他們知道一些我們不知道的東西嗎？真正見性的人可能有很多欲望，但在欲望掌握他們之前，就知道發生了什麼事，並且自我節制。

有些人覺得見性之後自己的煩惱還是和以前一樣多，覺得以往的努力不值得，這些人誤解了見性。見性未必能消除煩惱，只是使人更察覺到自己煩惱之所在。打個比方，有人在尋找一座山，但這座山隱藏在雲層和黑暗中。突然雲開霧散，光明綻放，山就出現了。這個人高興自己見到山了，但山還是在遠處，還要下很大的工夫才能到達。見到山就像見到自己的本性，有些人沒有太多的修行就見到山了，但要到達峰頂還需要很大的努力。

有些人長久認真修行，但從來沒見過山，不知道自己已經很靠近，甚至已經在山腳下了。這時只要稍加點撥或指導，他們會突然知道自己已經到達了，這等於是深悟。這種情況很罕見，但顯示開悟有很多的層次。

見山，即使只是遙遙在望，都是好的。具有這種見識的人，會更有信心修行。他們會了解什麼是煩惱，什麼是無我。他們的了解不是來自知性，而是來自直接的察覺。

必須修行多久才能見性，這並沒有定則；見性的效果能持續多久，也沒有定則。如果長期修行，效果可能會持久一些，也就是說，煩惱不會生起，無我感會持續。但見性的體驗可能很短，如同電光石火，效果也很短。用前面的山的比喻，並不是雲散山現，而是像閃電瞬間照亮、顯現山的存在，然後就消失，而行人再度陷入黑暗，但至少他已經見到山了。

開悟的經驗可深可淺，全看個人的業力和修行的工夫。見性和開悟之間的關係如何？第一次開悟的經驗稱為「見到自性」，但接下來的開悟經驗則不能這麼說，而是一次比一次深的悟境，因此曹洞宗描述了五種不同成就的層次。

再者，明朝以來臨濟宗便提到「三關」。第一個是「初關」，相當於第一次見到本性。第二個是「重關」，在這個階段一悟再悟，逐漸減輕煩惱，顯露智慧，無我的體驗每次加長。第三個是「牢關」，相當於徹悟，擺脫輪迴的牢籠，超越生死的循環。這時彷彿萬物消失，宇宙和自我完全消失。據說，這時候甚至掌管生死的閻羅王都找不到你。

如果自我和執著又回來，那就不是徹悟。只要有自我，閻羅王就找得到你。

其實不須那麼在意見性，把重點放在只管修行。不要浪費時間幻想「終極經驗」。另一方面，見性是不容易的，因此修行時不要偷懶懈怠。

要提防那些動不動就肯定所謂開悟經驗的禪師。有時禪師會印證錯誤；不但現在如此，其實從明朝以來便經常發生這種事，因此，從那時起就有「冬瓜印」的說法，適切地形容這種錯誤的印證。禪師印證開悟時，就像給法印，印章應該由堅石或玉石等持久的材質做成，但冬瓜做的印卻脆弱短暫。

不當的印證反映了禪師缺乏技能和見解。也許禪師自己沒有見到本性，也許他們只是平庸的修行者，依然有著許多煩惱。執著對禪師有負面的影響，可能使他們認可一些並不是真正的開悟經驗。也許他們野心勃勃，想要有更多的徒弟，好擴大自己在佛教圈的勢力，增加更多的法嗣。這種禪師用的是冬瓜印，或更糟糕的，用的是「豆腐印」。其實，禪師有多少弟子無關緊要，即使只有少數幾個認真投入的修行者也就夠了。如果禪師沒有法嗣，只是意味法脈要終結，那也沒什麼大不了的。禪宗的初祖菩提達摩總共就只有四男一女五個弟子。

以往，錯誤印可的禪師會受到嚴厲的批評，被稱為「弱將」。「強將」嚴於把關，不受賄賂，不輕易受騙，不許任何人溜過，只有強者才能過關。相反地，弱將把關不牢，警覺不夠。

錯誤印可是不幸的，尤其對修行者不好。修行者如果認為自己已經見性，就不容易進步；而且，如果他們發現自己的體驗不是真的，可能會對佛法失去信心。

問 見性的人會不會因為更能察覺自己的煩惱，而覺得更糟？在體驗見性之前，他們不知道自己的煩惱，反而沒有什麼好難過的。

師 不是這樣。如果察覺到自己的煩惱，接下來便比較不執著於煩惱。察覺到煩惱，意味著了解自己身為凡夫的處境。因為知道眾生有煩惱是自然的事，就不會為自己的煩惱而難過。

問 見性的人是不是更能控制自己和煩惱？

師 我們只能說，見性的人對於自己和修行更有信心。他們知道有煩惱對眾生來說是正常的，但他們有信心，知道透過修行，煩惱就會減輕、消失。

問 「壞」禪師是明知故犯、有心騙人，還是真正認為自己是好禪師？

師 兩種情況都有可能。有些人即使不是好禪師，卻真的相信自己是好禪師；也有些人明知自己平庸，卻為了名聞利養繼續騙人。

問 要用什麼標準或誰的判斷來決定某位禪師是好是壞？

師 有時很明顯。比方說，如果禪師因為弟子捐錢而肯定其開悟，因為弟子沒捐錢而否定其開悟，那就很明顯。然而，通常的情況更微妙。
（譯案：此段見於第一版，不見於第二版。）

有時，這種情況顯現於雙重標準：禪師教的是一套，但修行和生活則是另一套。如果禪師有時顯現一些壞習慣，只要他們知道自己的行為不當，那就不是很嚴重，畢竟他們還是平凡的眾生。但是，如果禪師說「這就是禪師的方式」或「我是菩薩，所以我能以這種方式來幫助人」，那就另當別論了。如果禪師偏好某些修行者，那也不是好現象。禪師應該平等對待所有的人，雖然不見得是以完全相同的方式。

然而，也要留意另一種情況。如果修行者從一個禪修中心換到另一個禪修中心，是為了找禪師的缺點，只是為了讓自己說：「這一個不好，那一個不好。」這種行為也是錯誤的。斤斤計較於禪師的優點與缺點，不是好態度，只是浪費時間與精神。

附錄

禮佛

問 請師父開示禪宗禮佛的方式及意義。禮佛時應該抱著什麼態度？您有時說要以懺悔心來禮佛，有時又說禮佛時要覺知身體的動作，有時又說要以感恩心來禮佛。您也說到不同的禮佛方式，以及經由禮佛的修行可能得到的不同層次的成就。

師 禮拜是很古老的行為，在兩千五百年前佛陀出現時，老早就存在於古印度。當時在印度，宗教是主宰的力量，在人們與神祇、靈界之間存在著許多互動的模式，禮拜就是其中之一。

人們站著或坐著時，頭向上、雙眼向前。禮拜時，是以象徵的方式把自己的頭置於禮拜對象的腳部，翻上的雙掌象徵承接對方的雙腳。頭是身體最高的部位，腳是身體最低的部位，因此禮拜者是以自己身體最尊貴的部位去接觸對方最卑下的部位。

在這種姿勢中，更容易從心中生起謙卑、不足、不完美之感。

在這種姿勢和心態中，我執會減輕，心靈會更澄明，問題更形清楚、更快消逝。這種感覺生起時，人們也更容易與神祇接觸。神祇是不是真正存在，反而不是那麼重要。然而，我們還是不能說宗教只是迷信，或否認靈界的存在。的確有其他領域的存在，而我們也的確與這些領域的生靈互動，不管我們知不知道。單憑這一點，禮拜就很有用，這是超越我們人類限制、接觸靈界的一種方式。

在佛陀的時代，人們以兩種方式成為信徒：一是皈依佛、法、僧三寶；一是對佛陀表示禮貌、敬意，禮貌包括了儀式的姿勢或動作，敬意則主要是心態。

皈依或感恩三寶，是大多數佛教徒都熟悉的象徵行為。那是以兩種不同的方式，經由禮貌和敬意表達出來：一是供養，一是儀式。表示敬意的儀式很多，最簡單的就是合掌、凝視指尖、鞠躬，更複雜的姿勢則是禮拜。

禮拜主要有兩種方式：一種是以膝蓋、手肘、額頭接觸地面，雙手伸前、翻掌，這是我們一般常見的方式；另一種是以全身的正面伸展、接觸地面。彎腰禮拜時，頭部和身體必須維持一直線，否則可能會頭痛。

問 供養是什麼意思？

師 就像字面上的意義，把自己的東西提供給三寶，盡自己所能的去做。如果經濟情況許可，供養可以包括金錢。但金錢不是唯一的供養方式；可以供養清水、食物、鮮花，也可以提供服務。切記，重要的是心意和動機。

禮拜就像以身體來供養。根據經典，有六種修行方式：讀經、鈔經、禮拜、供養、懺悔、說法，打坐則是比較特別的修行方式。古代人們修法時，多半是由這六種修行方式開始。

打坐時，許多人遇到身體和心理的障礙，那是業力現前。他們也許會抱怨自己不是昏沉，就是散亂，甚至不能長時間讀經：如果誦讀，就會疲倦；如果默讀，心就會散亂。這時，禮拜就是很好的修行方式。

佛教中很強調禮儀、敬意、懺悔，尤其對打坐有困難的人更是如此。懺悔禮拜經常很有用。在西藏的金剛乘傳統，剛開始修行的人以四加行開始，第一個加行就是禮拜十萬遍。禮拜十萬遍之後，生理、心理狀況都已改變，打坐也就容易得多。

中國從宋朝起，尤其是天台宗，鼓勵禮拜修行，匯集了許多不同的儀軌供人來做懺悔，其中之一是「法華懺」，其他儀式根據的是其他經典。對大多數人來說，修行很難達到三昧，因此懺悔禮拜很重要而且有用。

我已經解釋了禮拜中不同的動作。此外，禮拜可快可慢；可以在佛像前或心中默想三寶，也可以不要這些；可以只是清楚知道自己的動作。禮拜時覺知自己的動作，最終是要忘掉自己的身心——在本質上消失——讓禮拜自己進行。

禮拜時把心集中在動作上，可達到四個層次的專注。第一個層次是指揮動作時，注意身體的每一個動作、每一個細節。第二個層次是不注意所有的細節，但知道自己在指揮動作。第三個層次是不指揮身體，也不認為身體是自己的，但還是看它在禮拜。第四個層次是不知道身體或動作，但繼續禮拜。

在第四個層次時就進入了三昧。其實，第四個層次又分為兩種：一種是靜止不動，不管是靜止在向上或向下的動作。這時身心分離，以致無法移動，但這不是真正的三昧；更好的一種是即使心不動，但身體繼續禮拜，這才是真正的三昧。

三昧的層次不易達到。在禪中心這裡，我只看到少數人達到第四個層次的第一種，也看到一些人達到第三個層次，他們說這時看自己禮拜就像看別人一樣。

到目前為止，我談的是慢動作的禮拜。即使在慢慢禮拜時，可能還會有許多妄念。如果無法使念頭靜下來，可以嘗試快動作禮拜，通常可以減少妄念，尤其配合念佛時更是如此。

我至少教過四種拜佛的方式：恭敬拜佛、感恩拜佛、懺悔拜佛、三昧拜佛。關於前三種拜佛的方式，不能一邊拜佛，一邊長時間維持那種心態。可以用感恩心拜佛一段時間，但那種念頭會減弱、消失；恭敬拜佛、懺悔拜佛也是一樣。

懺悔拜佛在禮拜前後通常包括了某種誦唱，這種誦唱表示懺悔之情，但主要的部分還是拜佛。在禮拜時，不要控訴、指責自己，也不要陷入自憐，心裡不要有這些感情。一旦懺悔，就把心情擱下，專心拜佛。

問 若把懺悔擱下，不就成了三昧拜佛？

師 二者有所不同。首先，懺悔禮拜在拜佛前後都有誦唱。再者，在這種拜佛中，每一拜時口中都要念不同的佛菩薩名號。因為加上念聖號，所以不可能進入三昧。然而，這種方式禮拜久了，心會靜下來，打坐也就更容易。

也有人在懺悔拜佛時不加上誦唱，但通常會有一個模式。比方說，每天以懺悔心禮五百拜。然而，這也不表示他們是在強迫懺悔，而只是提醒自己要進行的是懺悔拜佛。這種方式很有用，我當小和尚時就曾做過這種禮拜，過了一段時日得到特殊的感應，頭部覺得清涼，後來心裡就清楚些了。我做這些禮拜是因為師父告訴我，如果要變聰明，就要拜觀世音菩薩。我怕師父趕我走，所以每天五百拜。過了一陣子，我再拜時就不再存著想得到任何東西的念頭，而純粹只是覺得那是件好事、對的事。我只是以懺悔心來拜佛，後來心就清楚些了。

問 您會不會建議每週一、兩次以拜佛來代替打坐？

師 如果拜佛成為你修行的一部分，那很好，但不該代替打坐，而是除了打坐之外還要拜佛。但如果你嘗試打坐，卻覺得身心很不舒服，那時可以改為拜佛。

問 在禪七時，有時您說我們應該反省自己不完美的地方，然後忘掉它們，專心於拜佛的動作。這麼做的目的何在？

師 當我要你們禮拜時，有時要你們反省自己不足之處，有時要你們以感恩三寶的心來禮拜，目的是為了喚起你們內在的懺悔或感恩之情。有這種感情時，心比較容易平穩下來，氣也比較和緩，有利於打坐。

問 其實很難知道正確的作法。禪七時，我發現自己強要喚起懺悔和感恩之情。我不確定是應該把全副注意力放在這上面，還是只在開始時輕鬆念著它，然後擱下，只集中在動作上。我搞不清楚，因而變得很緊張。

師 如果能生起懺悔或感恩之情，那很好。如果不能真切地感受到，只要念著它，然後把它擱下，只專心於自己的動作，不要勉強。

有些人在禪七拜佛時，想要落淚，想要懊悔痛哭。如果沒有，就問我為什麼不讓他們哭？這與我無關。所以我告訴他們，不是還不到他們哭泣的時候，就是他們不是會哭的那種人。

問 頂禮法師呢？在禪七中，小參之前和不同儀式中，我們都頂禮師父。再者，有些人在歡迎法師和出家眾時也向他們頂禮。我想這是東方的

傳統，但許多西方人覺得這種方式很不自在。在這種情況下，應該抱持什麼態度？

師 我們以頂禮向三寶致敬：向三世諸佛頂禮，因為諸佛把法帶到世間；向法頂禮，因為這是佛陀的教誨；向僧伽頂禮，因為僧團代表了佛陀的教誨，是三寶的具體表現。

因此，如果向僧侶頂禮，內心的態度應該是向三寶致敬，因為僧侶代表三寶，而不是崇拜他個人。同樣地，僧侶在別人向他頂禮時，不該覺得自己有什麼特殊，而應該視自己為佛像。

在家人如果在非正式的場合遇到僧侶、法師，可以不頂禮，但如果願意的話也可以。有些特別的情況，比方說在禪七時，頂禮是修行和每日儀式的一部分，在早課後向法師頂禮，感恩他的開示，是通行的作法。這是中國佛教的傳統，這個傳統會不會在西方繼續，就看因緣了。

僧侶在特殊場合彼此頂禮，或者在初次見面、長期不見之後，彼此頂禮。如果每天見面，則不必頂禮。再者，如果僧侶每天看見師父，也不必頂禮。然而修行上有重要問題請教時，應該頂禮師父，其他時候問訊就夠了。

夢

問 每個人都會作夢，有些夢似乎比其他夢更有意義、更真實。佛教有沒有談到不同層次的夢？比如我讀到大慧宗杲禪師的書信中提到，有一個人夢到大慧進入他的房間，後來大慧回答說，他真的在那裡。您也說過，如果有人想到或夢到您，而且真的如此相信，那麼您就在那裡。另一方面，佛教說一切事情都是虛幻。請您就這個主題開示。

師 大乘經典說，如果以大信心來修行、研習佛法，就有可能夢到佛菩薩和諸佛的世界，這些夢可能是真的。也有一些大師、祖師的紀錄中提到，在他們修行的過程中，曾夢見有人告訴他們應該到何處尋找老師。

關於古代禪師和夢的故事有很多。有一位禪師想要去看一塊農地，那塊地屬於另一個地方的禪寺。第二天早上，他沒告訴任何人就去了；抵達時，該寺的和尚已準備好飯菜等著他。禪師問，怎麼知道他要來？和尚回答說，是前一天晚上土地公告訴他的，因此早做準備。禪師回答說，那麼應該供養土地公，而不是供養他。在這個情況中，夢顯然是真的。

另一個故事是有關虛雲老和尚（公元一八四〇至一九五九年）。有一次他夢到自己來到彌勒佛的兜率天，在那裡遇到了老朋友和同代的祖師。他說他想留下來，但彌勒佛告訴他，他今生的業未了，必須回到世間。

唯識宗說，夢是意識的一種狀態。意識通常透過感官展現，但也有獨立的意識（譯案：又稱「獨頭意識」），並不是由感官所產生。獨立的意識有三個層次，一是在夢中，一是在三昧中，一是在瘋狂狀態中。夢中的獨立意識，來自無始以來累積的業。當意識生起時，與感官無關。另一方面，我們不能說它沒有外在的現實，因為它來自以往的業，而以往的業是與環境互動所產生的。

有幾篇經論據說是大師們在夢中的狀態所寫的。比方說，唯識宗的重要經論——《瑜伽師地論》，據說就是無著在夢境中寫出的。每天晚上他睡覺時，彌勒菩薩就會到夢中，告訴他該寫些什麼。由於他是唯一做這些夢的人，我們就得相信他的話。

還有一個故事說，唐朝時，有個犯人在被處決的前夕，夢見有人告訴他，以特別的方式誦念《華嚴經》一千遍，就可以逃過一劫。醒來後，他就照夢中的話去做，結果要被處決時，鋼刀無法砍入，而保住了一命。

佛經中談到的夢的故事，一天一夜也講不完，顯然佛教確實提到夢。從佛法的觀點來說，夢可以分為三種，第一種來自煩惱與想像。比方說，來自日常生活中的恐懼，可能以噩夢的方式顯現。第二種來自關係密切的人，也許是家人，當某件事發生在他們身上時，你會透過夢多少知道這件事。第三種包括了鬼神、菩薩、諸佛給你的夢，已經發展出某種神通的人，也能使人做特別的夢。

禪認為所有的夢都是虛幻——不管是短夢、長夢、真夢、假夢、生死與再生的夢。我們日常生活的夢，又叫中間狀態的夢。我們應該把所有的夢都視為幻覺，否則就會太注意它們，產生恐懼、期盼和其他的感覺，可能障礙我們的修行。

人們做夢時，通常是在睡眠的兩個階段，一個是剛入睡時，心已經逐漸靜下來，但還沒完全休息。這時的夢幾乎全是第一種，也就是白天的煩惱所顯現的夢。另一個是經過長時間的深睡後，心已經完全休息了。這時的夢可能與真實情況高度吻合，但未必總是如此。比方說，睡眠很淺或不定的人，他們的心無法沉靜到有這種型態的夢。

臺灣有位著名佛教徒的母親，報名參加農禪寺的禪七。她原先無心參加，但有天晚上夢見一座圍著高牆的寺院，但她找不到入口。後來她看到一位老和尚做手勢要她進去，她不曉得這是什麼寺院，也不曉得這位老和尚是誰。過了一段時間，她看報時偶然看到我師父的照片，發現就是夢中的和尚，但那時他已經圓寂多年，而這位女士也從未見過老和尚。當她來到農禪寺時，發現與夢中所見的寺院一模一樣。

問 **我夢見過您，師父。這種事很少發生，但我夢見您時，夢裡非常清晰，醒來時也非常清晰。我寫信告訴您有這麼一個夢，您回信說，如果我以真心、信心想到您，而且需要您的指引，您就會在那裡。我不知道您的說法只是比喻，還是真有其事？**

師 你所描述的夢屬於第二種類型，也就是兩人之間特殊的感應，這是很容易解釋的。當你以信心夢到我，而且需要我幫助時，你可以從我發的願中得到力量，但那是由你這個做夢的人達成的；能這麼做的是你的心，我並沒有進入你的夢中。我可能醒著，如果我睡了，可能是我自己在做夢。很可能我們並不是做相同的夢，雖然說偶爾有些人會做相同的夢。

然而，有時人們夢到從未見過的人，告訴或指引他們某些事。在臺灣，有許多人告訴我，他們之所以來找我，是因為他們夢見我告訴他們來寺院，雖然我們從未見過面。但我告訴他們，他們真的在做夢。這是第三種類型的夢，可能是寺院裡的護法神或其他神靈以我的模樣出現，指引這些人前來，而不是我。如果我必須做那麼多事的話，根本就沒時間睡覺了。

這些夢大多來自做夢的人的意識之流，另一個人並未真正出現在夢中，通常都是人們夢見我的情況。然而有弟子告訴我，他夢見已經去世十五年的師父，這個夢很清楚，而且他的師父給他很重要的指示。這究竟是怎麼一回事？也許這是弟子的意識之流，但也可能是他師父的心力，雖然他已經過世了。大修行者的靈體在肉體消逝後，還能繼續存在很長一段時間。

問 我們是否可能很警醒，以致把修行帶入睡眠中而根本不做夢？

師 前面說過，人們之所以有第一種夢，是由於日常生活中的煩惱。比方說，噩夢來自許多壓力、生病、身體不平衡的人，也可能來自惡業，要靠打坐去除這些噩夢是很難的。做夢時，你能控制的範圍很小。醒時打坐，也很難控制四處漫遊的念頭，甚至不知道念頭在漫遊，一直到這些念頭止息為止。那麼要在夢中控制這些念頭困難得多，是可想而知的。

有些人告訴我，他們甚至在睡覺時還繼續念佛。我認為那是來自緊張，而不是修行得好。睡覺時要少夢，就必須減少日常生活中的煩惱，必須變得更冷靜。如果穩定，心靈平和、開朗，那麼夢，尤其是第一個層次的夢，就會消逝。

問 夢見受傷是不正常或危險的嗎？

師 我不解夢。有些人說夢中的某些意象有象徵意義，但隨著地方、時代的不同，每個文化都有自己的象徵系統。因此，解夢是不可靠的；我既不解自己的夢，也不解別人的夢。

問 我曾讀到一篇文章，有一個人夢見三十年後的自己給他一些忠告。這個人也說，他和太太曾做過同樣的夢。這有可能嗎？

師 當然，這些例子都是可能的，但有意義嗎？這些故事大多只是引起人們的好奇心，因為它們很新奇。大多數人既無法控制夢，也無法正確的解夢。我認識一位婦女，她在夢中看見一個怪房間中擺著一具蓋著的棺材。兩年後她父親去世，就擺在同樣的房間、同樣的棺材裡。這是個有趣的故事，但有什麼用呢？我想，你可以把這種夢稱為預示，但這位婦女一直到事實發生後，才知道那個夢的意義，根本束手無策。如果她知道夢是有關自己父親的事，又能怎麼辦？她既不知道時間、地點，也不知道父親會如何去世。

身為禪修者，不該執著或太重視夢——因為我們醒著的世界已經夠夢幻的了。

佛教與墮胎

問 墮胎是很重要的議題，不僅涉及醫學和社會問題，也與道德問題密切相關。從佛法的角度來看，佛教徒對墮胎應該抱持什麼正確的看法？

師 我知道這是個很棘手的問題，尤其是在美國，分裂成兩極化的陣營，有些人主張個人有選擇墮胎的權利（pro-choice），有些人則主張維護胎兒的生命（pro-life）。墮胎是在快速變遷的複雜社會中非常複雜的議題。我必須先聲明，我不是立法者或法官，絕無意成為道德的傳聲筒，或傳達堅決的法令。我只是長期研究並修習佛法的比丘。我所知道的是佛法，也是從這個立場來發言。

《佛說入胎經》中談到懷胎時的情況，也就是眾生入胎時的情況，描寫如何進入子宮，體驗到什麼，如何出生。也有其他經典談到生死之間的中陰狀態。

眾生的業就存在於中陰狀態，一直到與未來父母親的業根相近，進入母親的子宮裡。根據《佛說入胎經》的說法，這種相近表現於眾生被遠處的亮光所吸引。由於與父母業力相近，眾生不知不覺就被引入母親的子宮裡。精子進入卵子時，那個亮光就消失，眾生進入子宮，新生命就此開始。

在這個時刻，眾生帶著前世所有的業。因此，雖然生命剛開始時好像是偶然的，但小孩卻是因為業力相近而由特定的父母生出。由於這個業力的關聯，母親有責任來孕育並讓這個眾生出生。因此，不管受孕的情況如何，不管想不想要小孩，母親都與這個新生命的業力相關。以這種方式來了解時，顯然母親應該讓小孩出世，並且照顧他。

有許多受孕是在不幸、甚至悲慘的情況下發生的，比方說強暴或亂倫。即使在這種情況下，母親和小孩還是在業力上相關。社會應該以同情、慈悲來回應這些母子，幫助照顧在這種情況下出生的嬰兒。

單單從這些原則就可以清楚看出：對佛教徒來說，正確的觀念就是在任何時期的墮胎都意味著殺生，因為生命已經存在了。

在生命的第一個月，胚胎沒有感覺，那是因

為神經系統還沒有發展，就像一團細胞一樣。但一個月後，神經結構開始成長，胚胎發展出感受的能力。在五、六個月後，心理的官能已經發展得很好了；大概在這個時候，胚胎有一些簡單的能力來適應子宮裡的情況，比方說，能移動到比較舒服的位置。

在正式生產前的兩個月，早產的小孩還可能出生，並且正常長大，這證明了只要有六、七個月，胚胎就解剖學而言就是完整的人了。

有人說墮胎是可以接受的，因為胚胎並不是人。說這種話的人忽略了一個事實：胚胎發展得很快，而且就解剖學而言，人的特徵很早就出現了。因此，胚胎在某個時刻就已經有感受或感情，也可能感受到因墮胎所受的痛苦。

有人說母親有權利處置自己的身體，愛怎麼做就怎麼做。對佛教徒來說，這種看法是不正確的，因為這暗示嬰兒是母親身體的一部分，屬於母親。佛法教導我們：嬰兒是有前世的眾生，因為業力而進入特定的女人的子宮，等待出生，並不是母親憑空創造出的。不妨說，胚胎只是借用母親的子宮來發展成完整的人。

因此對佛教徒來說，正確的觀點是：墮胎就是殺生，違反了五戒中第一條不殺生戒，也是不負責任的行為。

問 有時不摘除胚胎的話，母親就可能喪命。在這種醫療的情況下，什麼是正確的處置方式？

師 必須以已出生的生命為優先，因此雖然依舊是殺生，還是應該解救母親，摘除胚胎。

安樂死與自殺

問 醫學方面的進展已經可能使長期生病的人延長生命，有時甚至是沒有任何恢復的希望。即使病人有時表達死亡的意願，但人們依然用醫學科技來維持生命。這已經變成了這個時代日益複雜的道德和法律問題。有關這個問題，您認為佛教的修行者應抱持什麼正確的觀念？

師 我們必須區分兩種情況。第一種情況就是病人還活著，但只限於最基本的生命功能。也就是肉體雖然活著，但沒有心理的活動，沒有感受或感情，對刺激也沒有反應，肉體的生命必須透過打點滴或維生設備來維持、延續。在這種情況下，是否能夠終止維生設備？我的答案是不該積極介入，比方說，不該以注射毒藥來加速生命的終結。我們必須依然持守不殺生戒，順其自然。

另一種情況是病人雖然長期生病受苦，但依然有知覺、感情、思想，這些病人即使表達死亡的意願，也不該讓他們死，理由是他們生命中依然有時間修行。比方說，他們能念佛、祈禱、打坐、拜佛或沉思佛教的經論。人們應該善用每一個可能的機會來修行，希望來生更好，在死亡之前來清理業障。

想死的人通常是有極大的痛苦，這種痛苦可能是肉體的、心理的或感情的。如果醫藥能減輕他們的痛苦，就該使用。但如果醫藥不能減輕痛苦，那麼受苦的人就該下定決心忍受它，認清自己的情況和痛苦是自己的業果。同樣地，他們應該訴諸修行。其他人也可以藉著為他們禱告或在旁念佛，來幫助他們，使他們獲利。

當然，上面所講的兩種情況之間，無疑也會有灰色地帶。比方說，會有一種中間的情況，就是沒有感情或心理活動的證據，但還能餵食病人。幾乎可以肯定地說，這種情況不能再造業，但如果肉體表示要進食，就該進食，如果沒有，那就不需要。

問 如果修行人表達要死的意願，人們應該提醒他，在做這個決定時，會有業果。

師 對的。

問 現在有人辯論說，人有死亡的權利。您的看法如何？有些人很老、很衰弱，或者非常痛苦，他們希望死。在某種情況下終結自己的生命，是不是可以接受？我特別指的是像越南和尚自焚，來抗議共產主義的迫害？

師 從基本的佛教觀點來說，這些例子中沒有一個是可以成立的。業指出不管人們是健康或不健康、年輕或年老、有用或無用、知道或不知道，他們的所思、所言、所行都會招致相應的結果。我們也必須認清特殊的因果關係，業可以直接影響到一個人，也會間接影響到相關的每個人。

比方說，一個人必須照顧年老、多病、受苦或逐漸死亡的個人，其實是在為前業受報。這個人是用正面或負面看這件事，全看他的態度而定，這些情況不只影響到個人，也影響到所有相關的人。業的作用不可思議，我們只能知道最粗淺的皮毛。因此，讓人脫離痛苦，而把它解釋為慈悲的或利他的行為，到頭來可能是無知、自私的行動，因而會有很嚴重的業果。

菩提達摩〈二入四行〉一文中，首先就是修習報冤行，償還自己的債。第二個就是隨緣行，修習按照因緣而行。第三個就是無所求行。第四個就是稱法行，意謂按照各個法如實的情況來處理。因此，如果人們受苦，我們應該試著幫助他們，如果有現代醫藥的話，也該使用。但如果我們不能幫助他們，那麼他們的受苦也是業，因此我們應該如實看待痛苦。人們不能武斷地結束自己或他人的生命，而不顧個人的情況或知覺的狀態。一旦取走了一條生命，就違反了佛法的基本原則。至於以自焚的方式犧牲生命的越南和尚，也是不可取的。釋迦牟尼佛從沒教弟子為了救國而自焚，那是糟蹋生命。

在釋迦牟尼佛的時候，有一群得到阿羅漢果的人有個奇怪的觀念，認為得到阿羅漢果之後，就沒有什麼事好做了。他們認為生命是無用的，乾脆死了算了。同時，其他覺得已經解除煩惱的人，卻害怕有一天煩惱會再回來，因此決定自殺以省掉這個麻煩。在很短時間內，許多阿羅漢和自認是阿羅漢的修行人都自殺了。釋迦牟尼佛聽到這個消息時，就禁止這麼做。

問 我的生命中曾遭遇過這種情形。母親陷入昏迷，無法恢復。醫師說她無法再醒轉，然而他們能延長她的生命，但醫療費用非常龐大。有一天母親出現在我心中，很清楚地告訴我，說她很久之前就已經離開了這個肉體，要我順其自然讓她的身體死去。

師 從佛法的角度來講，我們對這些靈異經驗不該有絕對的信心。所有這些經驗——跟靈體或死去的親戚打交道，不管是直接的或透過靈媒——沒有一樣是可靠的。我不是說這些經驗不是真的，而是說它們不可靠。如果相信這種現象，那麼你總是要找它，就會逐漸執著、依賴它，以這種方式來看世界。

是的，那可能是真的，但也可能是從你自己的意識中產生的。誰又能斷言在你之前出現的幽靈是你母親的靈魂？那很可能是你自己的想像。

另一方面，這種經驗可視為在靈修上很有價值。我們不能說佛教徒不該或沒有這種經驗。其實，許多佛教徒的確體驗到這種現象。但只是因為體驗到某事，並不表示那件事就絕對是真的。

問 假定有一個肉體陷入昏迷，無法恢復，而被判定為腦死，也就是說，腦的較高功能已

經停止作用，而且沒有可能恢復，還能運作的就只是控制生命功能的腦幹。假設沒有超自然的方式與那個靈魂接觸，來指引人關閉機器。換句話說，我們所能依賴的只有現代醫學和我們自己的判斷。那時關閉機器，讓肉體順其自然，是不是比較慈悲？

師 我要問的是，這是對誰慈悲？如果那人陷入昏迷，那麼就無法知覺到任何事。如果自我已經離開，肉體依然還在，也就沒有問題了，那是對活著的人慈悲。

在這些情況下，我們不確定肉體中是否依然存在著自我。有可能自我已經離開，甚至已經開始了新生，也有可能依然執著於肉體，誰又能斷言呢？即使靈媒告訴你，自我已經離開了，又如何斷定靈媒是正確的？如果那個人的靈魂直接告訴你說，肉體已經沒有生命，又如何能確定真的是那個人的靈魂？那可能是你自己的想像，也可能是鬼神戲弄你，然而你終究必須做決定。

佛教並不明白告訴你什麼能做、什麼不能做，它講究的是因果。至於後果是好是壞，是輕是重，在任何情況下你都不會知道果會什麼時候發生——就像你現在所經歷的，正是以往所做的事的結果。現在的生命是以往行動的結果。你知道你現在的果是從哪裡或從何事而來的嗎？你現在所做，就為未來的結果播下種子。天上並沒有神在計算你的功德，來判斷你、寬恕你或處罰你，完全取決於你自己的行動。

國家圖書館出版品預行編目資料

禪的智慧：與聖嚴法師心靈對話 / 聖嚴法師著；
單德興譯. -- 二版. -- 臺北市：法鼓文化,
2024.04
面； 公分
譯自：Zen wisdom : conversations on buddhism
ISBN 978-626-7345-23-8 (平裝)

1. CST: 禪宗 2. CST: 佛教說法 3. CST: 佛教修持

226.65 113001381

禪的智慧——與聖嚴法師心靈對話

ZEN WISDOM: Conversations on Buddhism

著者	聖嚴法師
譯者	單德興
出版	法鼓文化
總監	釋果賢
總編輯	陳重光
編輯	詹忠謀
封面設計	化外設計
內頁美編	小工
地址	臺北市北投區公館路186號5樓
電話	(02)2893-4646
傳真	(02)2896-0731
網址	http://www.ddc.com.tw
E-mail	market@ddc.com.tw
讀者服務專線	(02)2896-1600
初版	2003年7月
二版一刷	2024年4月
建議售價	新臺幣400元
郵撥帳號	50013371
戶名	財團法人法鼓山文教基金會—法鼓文化
北美經銷處	紐約東初禪寺 Chan Meditation Center (New York, USA) Tel: (718)592-6593 E-mail: chancenter@gmail.com

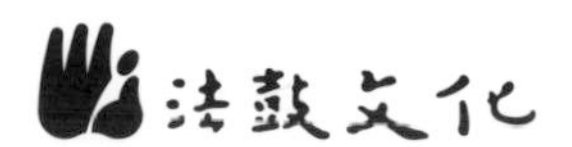